To Professor Lu:

You have done so much for OSS in China and the word - I will alway be grateful to you.

LINUX FOUNDATION

Thank you for all your work on open source in China.

Thank you for your dedication & support of Linux and open source over the years & best of luck in continuing this valuable work in your future.

Greg K-H

Dear Professor Lu:

Thank you for having faith and passion and vision for Open Source software.

Linus、Jim、Brian、Greg 为本书题词

陆主席，感谢您对中国全部开源事业的贡献！

——Linux 和 Git 创始人 Linus Torvalds

您为推进中国和全世界的开源事业做了很多事，我对您一直心怀感激。

——Linux 基金会执行董事 Jim Zemlin

亲爱的陆教授，感谢您对开源的信念、激情和远见。

——Apache 基金会创始人、Linux 基金会基于开源的区块链 Hyperledger 项目负责人 Brian Behlendorf

感谢您以往多年对 Linux 和开源的全力支持，期望您在未来的日子里继续推动这一卓有价值的工作。

——Linux 内核稳定版维护者 Greg Kroah-Hartman

# 开源、创新和新经济

陆首群　著

北京交通大学出版社

·北京·

**图书在版编目（CIP）数据**

开源、创新和新经济 / 陆首群著. —北京 ： 北京交通大学出版社，2017.9
ISBN 978-7-5121-3267-2

I. ① 开⋯ II. ① 陆⋯ III. ① 软件产业-产业发展-研究
IV. ① F407.67

中国版本图书馆 CIP 数据核字（2017）第 121105 号

**开源、创新和新经济**
KAIYUAN, CHUANGXIN HE XINJINGJI

责任编辑：赵彩云
出版发行：北京交通大学出版社
　　　　　电话：010-51686414　　http://www.bjtup.com.cn
地　　址：北京市海淀区高梁桥斜街 44 号　　邮编：100044
印 刷 者：北京艺堂印刷有限公司
经　　销：全国新华书店
开　　本：170 mm×235 mm　　印张：12　　字数：87 千字
版　　次：2017 年 9 月第 1 版　　2017 年 9 月第 1 次印刷
书　　号：ISBN 978-7-5121-3267-2/F・1728
定　　价：98.00 元

本书如有质量问题，请向北京交通大学出版社质监组反映。对您的意见和批评，我们表示欢迎和感谢。
投诉电话：010-51686043，51686008；传真：010-62225406；E-mail：press@bjtu.edu.cn。

# Preface I

Professor Lu Shouqun is a dear friend and has over a life time been a technology leader in China. First bringing modern UNIX computing systems to China and establishing himself as "the pioneer or practitioner of China's informationization." More importantly his longest lasting legacy will be as"the leader of open source movement in China".

For a long time, Professor Lu has made tremendous contribution to the construction of China's open source ecosystems, promotion of open source cooperation between China and the world, develop the open source alliance of China, Japan and Korea.

Professor Lu's recent book *Open Source, Innovation and New Economic* has made many insightful opinions in combination with Chinese practice, fully discusses the open source culture, historical position, function, and the prospects for development, profoundly reveals the development of the internal relation among the open source and the modern innovation model (Internet + innovation 2.0), and new economy [especially in open economy, sharing economy, and the public entrepreneurship and public innovation (generally called Chuangke economy)].

I remember fondly a conversation with Professor Lu over ten years ago where we discussed China becoming a global technology leader and how open source development will play a key role in that transformation. Now more than a decade later firms like Alibaba, Baidu, Huawei, Tencent and others stand at the forefront of the IT industry as leaders not just in open source but in the global IT economy. Mr. Lu was right over ten years ago and his book on open source is even more important now.

I believe that the publication of this book is welcomed not only by the open source community, IT industry, technology industry, business communities, as well as by the colleges and universities teachers and students, to benefit from its important learning and reference value.

陆首群教授是我的老朋友，他一直以来是中国科技界的领军人物，是将现代 UNIX 计算机系统引入中国的先驱，是"中国信息化的先驱者和实践者"。更重要的是，他最长久的影响力来源于他是"中国开源运动的领导者"。

一直以来，陆教授对建设中国开源的生态系统，推动中国与世界的开源合作，推进中国和日本、韩国等国家开源事业的发展做出了巨大贡献。

陆教授的《开源、创新与新经济》一书，结合中国实践，深入研究了开源的文化、历史地位、功能和发展前景，深刻揭示了开源和现代创新模式（互联网+创新 2.0）和新兴经济〔特别是开放经济，分享经济，大众创业、万众创新（通常称为创客经济）〕的内在联系。

我对十年前与陆教授的一次谈话记忆犹新，我们讨论了中国正在成为全球技术领先者及开源的发展在这一转型中将发挥关键作用。十多年之后，像阿里巴巴、百度、华为、腾讯等公司，它们不仅在开源技术方面，而且在全球 IT 经济中处于领导者的地位。陆先生十年前正确地预测到这一趋势，他的关于开源的这本书就显得更加重要。

我相信这本书的出版不仅受到开源社区、IT 产业、技术产业和商业界的欢迎，也会得到高校师生的喜爱，因为这本书具有重要的学习价值和参考价值。

**Jim Zemlin**

**Linux 基金会执行董事**

# 序 Ⅱ

  中国开源软件推进联盟名誉主席陆首群教授是中国信息化的开拓者和实践者，是中国开源运动的倡导者和推动者，为中国开源软件和信息产业发展做出了重要贡献。我与陆教授相识多年，他以创新的理念、开放的胸怀和坚定的意志，全身心投入倡导开源精神、推广开源软件，给我们留下了深刻印象。陆教授所著的《开源、创新和新经济》一书，汇聚了他多年来对开源文化、创新模式2.0和新经济的理性思考，特别是对开源经济作出了独到的分析，相信对于中国开源软件和信息产业界人士都具有重要的参考价值。

卢　山

博士，中国开源软件推进联盟主席

# 序 Ⅲ

中国开源软件推进联盟名誉主席陆首群教授是中国信息产业界的领军人物。多年来，他致力于在中国推广开源软件，促进政府有关部门向开源软件倾斜，指导和支持中国开源企业的发展，主持中国开源界开展与国际开源社区的合作交流，并发表了许多涉及开源软件的重要论著，在中国产生了很大的影响。陆教授的这本《开源、创新和新经济》，收集了他近几年发表的文章和讲话，全面论述了开源软件的历史渊源、地位作用和发展前景，并深刻揭示了开源软件与创新、开源软件与新经济的内在联系。对于中国信息领域的"政产学研用"各界人士，本书不失为是一部不可多得的"开源宝典"。

倪光南

中国工程院院士

# 序 IV

    陆首群教授是中国开源界的领军人物，从最早引进和制作 UNIX 中文版本，到创立中国开源软件推进联盟和"东北亚开源软件推进论坛"，再到积极推动开源软件与"互联网+创新 2.0"的深度融合，他一直不遗余力地推动开源在中国的发展和传播。通过建立与国际开源社区的桥梁，他促进了中国开源技术的快速发展；通过建立与政府主管部门的桥梁，他推动了中国开源软件产业的形成与壮大；通过建立与国内开源人士的桥梁，他提升了中国开源力量的国际影响力。本书以陆教授投身开源以来发表的文章和讲话为线，对开源软件和开源文化进行了系统而全面的阐述，并论述了开源对国家经济创新的重要意义。本书对于我国开源软件的布道者、开发者、爱好者及信息领域的管理者和从业者都有重要指导作用。

廖湘科

中国工程院院士

# 序 V

陆首群教授作为我国信息化的首批开拓者和实践者，见证了信息技术的发展历程。从产品研发到企业管理、从互联网到电子商务、从数学领域到哲学视角，他从未停止对信息化的思考、探索和追求。21 世纪初以来，国家大力倡导建立以企业为主体、市场为导向、产学研用紧密结合的技术创新体系，他认识到开放源码理念必将成为自主创新技术的基础并存在相当的发展潜力，从而多年来一直致力于开源软件的推广，不遗余力地推动开源的发展、交流和传播，为中国开源技术的发展做出了贡献。

本书收录了陆教授关于开源的文章、讲稿及与其他学者就开源的讨论内容和观点，书中从开源的历史谈到兴起与展望，提出开源既是创新发展的动力、软件产业的活力，也是商业运作的潜力所在，另外还阐述了在当今"互联网+创新2.0"的背景下，开源为新兴经济模式发展带来了巨大机遇。

从风华正茂到年逾古稀，陆教授始终站在网络信息技术的发展前沿，统领全局，站立潮头，对科学实践之执着、技术传播之热忱着实让人钦佩。在本书出版之际，向陆教授表示祝贺！

中国工程院院士

# 序 VI

开源作为互联网时代人们在软件领域开展的极为成功的大规模协作实践，不仅孕育了新的软件开发方法、改变了软件产业格局和商业模式，而且其独特文化和运营机制还深刻影响了软件以外的其他领域，开源已经成为一股不可阻挡和逆转的时代潮流。

一直以来，我自己也是开源软件的积极拥护者和实践者。去年我和一批同行合作完成了中国科学院学部咨询项目"开源软件技术发展策略研究"，配合研究工作，对我国的开源软件做了一次系统的调研和回顾。我们欣喜地看到，近十年来我国在开源领域进步显著、成绩斐然，高校、科研机构与新兴企业在开源领域非常活跃。然而，与国际相比，国内开源的发展在开源环境、核心技术、开源人才、开源生态等方面均存在很大空间。为此，我们提出了"参与融入、蓄势引领"的开源发展策略，所谓"参与融入"是针对国际成熟开源社区，"蓄势引领"则从中文开源社区建设切入，"参与融入"是"蓄势引领"的基础，"蓄势引领"是"参与融入"的目的，二者相互作用、并行推进，构成我国发展开源的"两翼"。同时，建议以基于开源模式的公益性生态环境及其基础设施建设为抓手，引导高校计算机相关专业进行课程体系改革，加强开源软件人才培养，让学生能够在高校实践中接触开源、使用开源、分析开源、参与开源，在开源文化、开源意识和开源技能方面得到系统训练和熏陶。

互联网时代是挑战和机遇并存的前所未有的创新、变革时代。我国能否抓住时代赋予的"弯道超车"窗口期，基于开源模式在信息技术领域实现跨越式发展乃至颠覆式创新，缓解直至改变我们在信息化进程中存在的关键技术"空心化"和技术装备"低端化"现象，对我国实施创新驱动的转型发展战略具有重大意义。

当然，我们也应该看到，这项工作任重道远，需要各界人士的共同努力和协同工作，更需要尊重规律、坚持不懈、久久为功！

　　中国开源软件推进联盟名誉主席陆首群教授多年来一直致力于中国的开源技术传播和开源经济发展，为中国开源的发展倾注了深厚感情，做出了重要贡献。本书收集了他曾发表的文章、讲话和与开源人士的邮件交流，这是中国开源软件发展的一个重要历史阶段的缩影和见证，其意义和价值不言而喻，值得向所有热心、关心开源事业的人推荐。我也相信，本书对所有互联网及互联网+领域的从业者也会有重要的借鉴价值和参考价值。

中国科学院院士

# 序 VII

　　自 2011 年到中国任职后，我与中国开源软件推进联盟名誉主席陆首群教授有过多次交流，聆听过他对中国开源软件的发展愿景和真知灼见。我对陆主席的远见和在中国开源业界的领袖地位感到钦佩，也为他开放的胸怀和国际化的视野而折服。

　　英特尔与陆教授的合作有十几年的历史了。作为开源软件的主要推动者之一，英特尔在中国也积极参与 Linux，OpenStack, Hadoop，Spark 等国际化开源软件项目在中国的推广和开发工作。在此期间，我们得到了陆主席的多方指导和大力支持。这次很高兴看到陆主席把他多年领导中国开源事业的重要文献整理成册，其中也不乏陆主席和英特尔合作的点点滴滴。我们为能够有陆主席这样的合作伙伴，并通过他的领导为中国的开源事业有所贡献而感到骄傲！

作为中国开源界的泰斗级人物，陆主席十分关心年轻人的成长。在英特尔，我们有多位工程师在陆主席的关怀和帮助下在中国乃至世界开源软件行业崭露头角，成为领军人物。书中摘录的陆主席和英特尔吴峰光博士的对话就是很好的例子。通过合作，陆主席帮助了英特尔工程师的成长，成为我们的良师益友。

本书可谓是中国开源业界的史书。通过对陆主席亲身实践的记载，本书向读者展示了中国开源事业的发展历史和未来的走向。这本书的出版会进一步推动开源软件在中国的发展，并通过对开源事业的推动，为中国的"双创"提供新的契机。凭借中国良好的投资环境及丰富的智力和市场资源，再加上过去十几年陆主席等老前辈开创的坚实基础，我坚信中国的开源事业必将与世界并驾齐驱！

何京翔，博士，英特尔亚太研发有限公司总经理

# 目　　录

# 本 书 引 语

● 开源（Open Source）与自由软件（Free Software）可看成是一体的，通常称 FLOSS（Free/Libre Open Source Software），是从两个角度看待同一类事物：开源侧重于从技术层面上讲，自由软件侧重于从被许可的权利层面上讲。

● 开源文化的基本特征是创新、开放、自由、共享、协同、民主、绿色。即以创新为发展基轴，具有开放（开放环境、开放标准、开放源码）、自由（自由传播）、共享（资源共享）、协同（协同开发、协同作业、协作生产）、民主（在新兴协同共享中，创新和创造的民主化正在孵化一种新的激励机制，很少基于经济回报，更多基于推动社会福祉）、绿色（支持绿色可再生能源和绿色环境）的特征。

- 开源（Open Source）的概念是 1998 年 2 月 3 日在美国加州 Palo Alto 的一次会议上首次提出的。但早在 1970 年 UNIX 已实行了开源（Open Source）。

- 开源是利他主义（altruism）的或者说是共产主义（communism）的，专有（或私有）软件是利己主义（egoism）的或者说是资本主义（capitalism）的，而开源的商业模式是利己主义的。利他主义的开源与利己主义的商业模式结合在一起才能使开源做出贡献。开源既含有共产主义因素也含有资本主义因素，既是商业的，也是公益的或个人爱好的，而且还是学术的。开源在自由和商业间做出了更好的平衡。

- GNU、Linux、Open Source、BSD（乃至 iOS）均源自 UNIX（开源）。开源和自由软件是以共同反对（VS）UNIX（私有）起家的。

- 软件定义网络、定义世界；开源软件是软件发展的机遇；对开源软件而言，维护与开发同等重要。

- 开源软件采用开放的、分布式的社区开发方式，吸纳全球志愿者进行开发创新，开源社区的开发机制是：开放环境、分布格局、社区组织、自由参与、大众开发、协同创新、资源共享、民主讨论、测试认证、对等评估、维护升级。

● 开源是创新的基础：深度信息技术（云物社移大智等）大多基于开源；开源与互联网理念相通，互联网是基于开源的理念、技术和应用建立起来的，没有开源文化就不会有现代互联网；开源是"互联网+创新 2.0"模式的跨时代、强有力的创新引擎的基础项或优选项。开源是达至探索理想的虚拟世界与现实的物理世界完美融合的创新之道。

● "基于知识社会创新 2.0"是"基于工业社会创新 1.0"超越时代、强有力的升级版。

● 为了改造工业经济，重构传统业态，在"大众创业、万众创新"中诞生"从 0 到 1 能力"的创新成果（避免出现"八宝粥"那样的现象），必须采用"互联网+创新 2.0" 模式强力的创新引擎。

● "互联网+创新 2.0"意味着在当今现实的工业社会

物理世界之外，构建、定义或影射一个对应"信息数字社会"的虚拟世界。将虚拟世界中跨时代高强度的深度信息数字系统作用在、融合于物理世界中的传统工业系统，可重构全新的生产方式（或智能制造、新生行业、智慧城市）。

- 开源运动正在积极投身于定义 21 世纪的信息化基础设施。

- 开源文化的核心理念是创新、开放、自由、协同、民主、共享、绿色，开源经济模式是协同共享共有。

- 分享（共享）经济是具有共享机制的经济社会体系，是中产人群（在中国叫中产人群，在美国叫中产阶级）的经济基础。

- 实体经济是繁荣之本，谨防产能过剩；虚拟经济是重构之力，谨防泡沫破裂；塑造虚拟经济与实体经济互促共存重构（避免相互冲击破坏）的新秩序、新规范至关重要。

- 新经济是以信息革命为背景、以经济全球化为目标、以数字技术为基础、以知识资源为依托的经济形态。

- 新经济正在崛起，其发展是动态的，简而言之，新经济可看成由工业经济向信息经济或数字经济过渡的形态。

● 我过去说过新经济包括互联网经济、智能经济、软件和信息服务经济、开源经济（包括分享经济、创客经济）以及早期的信息经济。

● 深度信息技术或系统是"互联网+创新 2.0"创新引擎中最重要的基因，而开源往往是这些深度信息技术或系统的底层配置。

● "互联网+创新 2.0"有力推动新经济的崛起并助力开启信息经济全面发展的新时代。

● 创客经济的技术基础是开源硬件+开源软件。

● 分享经济是以协同共享（共有）为主要特征的开源经济的重要组成部分。

● 开源经济是信息经济发展的典型创新 2.0 范式。

# 开源的发展历史与前景[①]

　　自由开源软件的问世是为终结私有或专用软件的统治地位或主流地位在斗争中发展起来的。几十年来，自由开源软件的发展从开源的定义被提出至今已 19 年，从林纳斯·托瓦兹（Linus Torvalds）开发并发布 Linux 操作系统起至今 26 年，从 UNIX 问世以来至今 47 年，或从斯多尔曼（Richard Stallman）发表"GNU 宣言"以来至今 34 年，在世界、在中国日益得到推广和传播。很早以前，我们就指出自由开源软件的理念或开源文化是以创新为基轴，具有开放、自由、共享、协同、民主和绿色的特征，自由开

---

　　① 作者发表于 2017 年 3 月 10 日。

源软件特别是开源软件不但作为一种开发模式表现出了巨大的创新动力，而且作为一种商业模式蕴藏着巨大的潜力。它对现行版权制度提出了挑战。开源与自由软件可看成是一体的，我们习惯称自由开源软件（Free/Libre Open Source Software，FLOSS），但两者还是有区别的，除两者保持相同的理念外，开源更现实、注重方法、更接地气、应用更普遍、传播更快，至今已跃居软件的主流，在众多开源软件中 Linux 的表现尤为出色。今天开源的理念已为越来越多的人所接受，开源为软件产业发展、向"互联网+创新2.0"注入活力、促进"大众创业、万众创新"的创客潮和新经济成长带来了巨大的机遇。

近几年来，开源在中国取得了腾飞式发展，正在形成并完善开源的生态系统。

出现这种现象的社会背景是：

（1）创新唤呼开源。当今中国为了改造工业经济，重构传统业态，实现经济转型升级，出路在创新，需要高强度、颠覆性的创新引擎："互联网+创新2.0"。深度信息技术（云物社移大智）是创新2.0中的重要基因，而开源往往是深度信息技术的底层配置。

（2）新经济唤呼开源。由开源经济、分享经济、创客经济、智能经济组成的新经济可看成由工业经济向信息经济或数字经济过渡的形态。当今中国新经济正在崛起，正在形成"大众创业、万众创新"的洪流，具有协同共享（共有）特征的开源是新经济的重要基因。

（3）全球开源经济大发展（Linux 表现更亮丽）对中国的影响和推动，以及国内开源界多年来的努力奋斗和辛勤耕耘，特别是抓住近年来国内实行经济转型升级的机遇。

近年来由于国内信息化的深化和发展，以深度信息技术（开源打底）为核心的创新引擎"互联网+创新 2.0"获得广泛应用，形成"大众创业、万众创新"的洪流，2016年新增企业 1 000 万户、新增各类市场主体 1 600 万户，促进了中国经济转型升级和就业，中国经济增长对全球经济增长的贡献率超过 30%。创新运动也促进了开源的大发展，2016 年全球十大互联网公司中国占了 3 席，全球最热门的10 家大数据公司中国占 3 席，全球三大云计算公司有中国 1 席，全球三大人工智能公司也有中国 1 席，超级计算机全球排名中国居首位（神威第一，天河第二），电子商务在线交易额阿里天猫平台全球居首，大疆民用无人机全球销量居首。中国智能制造战略规划"中国制造2025"在顺利推进中，一批智慧城市试点在加快实施中。在智能手机领域，华为、小米、OPPO、中兴等一批企业正在挑战苹果、三星。以此为背景，加上国际开源运动的影响和支持，还有依靠我们自己的努力和奋斗，近年来国内出现了开源大发展的良好局面。

图2-1～图2-17为资料照片。

图2-1　Linus Torvalds（Linux创始人、开源创始人）与作者

图 2-2　Brian Behlendorf（Apache 基金会创始人、开源创始人）与作者

图 2-3　开源创始人 Tim O'Reilly 与作者

图 2-4　开源创始人与资深专家合影

注：自左至右：Jim Lacey（LPI 前主席）、作者、Jim Zemlin（Linux 基金会执行董事）、Dirk Hohndel（Intel 开源技术中心战略总监）、Larry Augustin（开源创始人及 SourceForge、CRM 创始人）、Brian Behlendorf（Apache 基金会创始人、开源创始人）、Chris Dibona（Google 资深开源专家）、Wim Coekaerts（Oracle 高级副总裁、开源资深专家）

图 2-5　Linux 基金会执行董事 Jim Zemlin，Ubuntu 社区创始人、
Canonical 公司 CEO Mark Shuttleworth 与作者

图 2-6　郑妙勤博士（IBM 院士、美国工程院院士、IBM 前副总裁）与作者

图 2-7　Eben Moglen（自由软件基金会原首席律师，
哥伦比亚大学法学院名誉教授）与作者

图 2-8　David Axmark（MySQL 创始人，右）与作者

图 2-9　Apache 基金会前主席 Justin Erenkrantz 与作者

图 2-10 Andrew Morton（Linux 内核开发大师）与作者

图 2-11 中国开源软件推进联盟主席卢山

图 2-12　中国工程院院士倪光南

图 2-13　中国工程院院士高文

图 2-14　GNOME 基金会前主席 Dave Neary

图 2-15　OSI 前主席、开源创始人 Michael Tiemann

图 2-16　Java 之父 James Goslin 与作者

图 2-17　John Hall（Maddog）LPI 主席，开源创始人

# 2.1　开源的兴起[①]

2007 年 6 月 21 日，我在广州召开的"开源中国开源世界高峰论坛"国际会议上，做了一篇"开源春天"的主题报告，在报告中我曾谈到："开源软件的兴起，日益改变世界软件产业的发展轨迹，也为中国软件产业的发展带来机遇。"现在，开源在中国、在全球的发展如日中天，回过头来看看 8 年前的报告，感触良多！在这里，我想进一步谈谈自己对开源的理解，并与大家交流共享。

## ● 开源的概念

开源（Open Source）是开放源代码并遵循开源许可证可进行自由传播的软件。所谓自由传播，是指可以自由发布、自由复制、自由修改、自由使用。不同开源许可证规

---

[①] 作者发表于 2015 年 1 月 8 日。

定了不同的开源软件具有不同的自由度。自由软件（Free Software）具有最大自由度。开源软件和自由软件既有区别，又可看成是一体的，我们习惯称为自由/开源软件，开源与自由软件是从两个角度看待同一类事物，开源侧重于从技术或方法层面上讲，自由软件侧重于从被许可的权利层面上讲。自由软件在体现授予用户的自由权益与可自由访问代码前提下，拥有四大基本自由，即使用或运行自由、学习或修改自由、分发自由和再分发自由。一般来说，开源软件是有商业模式的，自由软件是坚定反对私有制的，当然是反对利己主义的商业模式的，亦即是不主张自由软件商业化的，但为使自由软件能规模、持续发展，一些自由软件推动者，也不得不启用"商业模式"，这就有点讽刺味道。如果人们在开发新软件时，欲利用、移植或剪裁现有的开源资源，这是允许的，也是能方便做到的，即人们可以从互联网上自由地免费下载开源代码，并进行自由复制、修改、使用，也可在修改或剪裁后自由地进行二次发布，但这里有一个制约条件，即人们不能违背开源许可证的规定，中断或破坏被应用、移植或剪裁的开源软件自由传播的特性，这就是说，人们不可以侵犯开源软件的知识产权。

## ● 开源的基本理念

开源的基本理念是创新、开放、自由、共享、协同、民主、绿色。开源技术本质上是测试技术，开发是否成功最终要通过测试来检验。开源营造开放环境，制定并执行开放标准，发布开源代码，为异构产品、不同系统互连、兼容和互操作开路；进行自由传播；实行资源共享；采用开源社区的开发机制进行协同创新、合作创新。开源将推动信息由不对称状态趋向对称化，而信息对称化将是体现开源民主化的特征。而且开源的开发环境和开发机制也充分体现了开发创新过程的民主化，支持绿色可再生能源的开发应用和绿色环境的建设，以及推动零边际成本社会的实现也是开源的绿色特征。

## ● 开源的核心环节

　　开源有 10 个核心环节。① 开源程序代码行（内容本身）。② 开放标准（用以指导开源开发、运行、服务的环境建设和行为规范，并作为异构系统之间互连、兼容和互操作的依据）。③ 开源社区（开源社区是开源文化的代表，开源软件采用开放创新、大众创新、协同创新、合作创新、社区创新、用户创新的创新形态，而社区创新是其他 5 个创新的总枢，开源社区创新采用开放的分布式的社区开发机制：吸纳全球志愿开发者，实行集体开发、协同创新、资源共享、自由讨论、对等评估、测试验证的机制，随后由社区对自己开发的开源软件继续负责维护和升级服务工作）。④ 测试条件（开源技术实质上是测试技术）。⑤ 维护团队（维护与开发同等重要，社区或企业要组织维护团队，负责开源软件的维护（FixBug，Patch 等）和改版升级工作）。⑥ 开源生态系统（建设开源生态系统是现代企业维系市场竞争力的必需）。⑦ 用户体验（自由开源软件是尊重用户、用户为先的软件，是用户参与开发的软件，是给予用户自由的软件；此处用户是指社区成员和使用者）。⑧ 商业模式（开源软件是有商业模式的，目前开源的商业模式多为"捆绑提成"方式，要鼓励对开源商业模式的探索创新工作）。⑨ 应用商店（吸引第三方参与开发应用程序）。⑩ 开源许可证（采用左版版权，由开源促进会 OSI 批准的开源许可证是开源软件遵循的规范）。

## ● 开源的商业模式

开源（Open Source）源于自由软件（Free Software），在开源软件中也采用了很多自由软件，如 GCC、GNOME、TOOLKIT 等，开源和自由软件两者都是成功的，通常称之为 FLOSS，看成是一体的。开源是在保留自由软件的基本特性——"用户（或社区）为先"（体现用户的自由权益），"开放源代码"、"自由传播"（两者自由度不同），"资源共享"、"协同作业"的基础上，从推动其大发展需要（生产、应用）出发，并考虑开发者、生产者（或发行者）自身利益，加入了商业化运作基因（开发商业模式）。这让我想起了 Apache 创始人 Brain Behlendorf 2007 年对我说的一段话：开源是利他主义（altruism）的或者说是共产主义（communism）的（我想他是指开源的开放、自由、共享、协同特性），专有软件或私有软件当然是利己主义（egoism）或资本主义（capitalism）的，而开源的商业模式也是利己主义的。利他主义的开源与利己主义的商业模式结合在一起才能为开源做贡献。随后他应联合国之邀，在联合国"信息社会世界年会"演讲中指出，开源既含共产主义因素也含资本主义因素，既是商业的也是公益的或个人爱好的，而且还是学术的。

## ● 开源的历史

开源（Open Source）一词是 1998 年 2 月 3 日由 Chris Peter son 提出的，"Open Source"的概念出自当时著名的黑客（Hacker）社区 Debian 的社长 Bruce Perens 起草的"自由软件指导方针"。在"Open Source"概念提出的次日，Linux

创始人 Linus Torvalds 就给予了非常重要的版权许可说明，Bruce Perens 发起建立了 www.OpenSource.org 网站。对确立"Open Source"概念有决定意义的是在 1998 年 4 月 7 日由 18 位自由软件运动领袖召开的"自由软件高层会议"，通过了传播开源（Open Source）的必要性。这次会议由 Tim O'Reilly 主持，Brain Behlendorf（Apache 创始人）、Linus Torvalds（Linux 创始人）、Guido Van Rossum（Python 创始人）、Eric Raymond（著名记者、OSI 首届主席）等参加。自由软件（Free Software）运动创始人 Richard Stallman 开始也同意开源（Open Source），后来改变了主意。1998 年 4 月在当时黑客社区内部爆发了一场关于"Open Source"和"Free Software"的学术和意识形态的激烈争论，最终"Open Source"占了上风，争论才日渐平息。

## ● 开源已成为软件的主流

据著名的 IT 调查分析公司 Gartner 提供的数据：到 2015 年，85% 的商业软件会使用开源软件，到 2016 年，95% 的主流 IT 企业（或组织）会直接（或间接）在其"关键任务系统（misson critical system）"中使用开源软件。开源已成为互联网、云计算、大数据、人工智能及其他深度信息技术平台上的主流技术和系统选择。2012 年据 5 000 多个开源网站的统计，全年收发 1 000 多亿行源代码，约为 0.1PB 的内容；在阿里巴巴电子商务平台上，在伦敦、纽约、东京等证交所中，几千亿、几万亿美元的交易都是在开源的平台上完成的；Linux 占超级计算机中 92%的软件配置。开源与创新 2.0，理念相通（创新、开放、自由、共享、协同、民主化），创新形态相近（以人为本，面向用户，服务为先，具有开放创新、大众创新、万众创新、协同创新、合作创新、社区创新、用户创新等显著特点），在理念、技术、体制机制或管理上是互动的，互相借鉴、互为典范（互联网与深度信息技术一般均基于开源而发展，所以开源通常还作为创新 2.0 的技术基础）。

## ● 开源是创新的捷径

开源的开发创新是站在全球开源巨人的肩膀上，在其现有创新成果基础上进行的创新接力赛。开源社区允许新的开发者自由访问，将现有开发资源的门槛降到几乎为零，无偿提供给新的开发者以开源技术基因、工具链和框架资源。

### ● 开源使企业引入外部创新成果

企业从自己传统封闭式的创新模式中走出来，可以利用开源提供的机遇，开放、整合企业外部资源来提高企业的综合创新能力。据 Linux 基金会提供的资料，目前世界排名前十的 IT 公司，当其开发产品和服务时，有 80% 的软件创新成果来自企业外部的开源软件（企业内部自创的成果只占 20%）。为此，企业创新的体制机制和管理方式需做相应的调整或变化。

### ● 开源对众多商业专利有免疫性

开源软件问世 20 多年来，今天已发展成为软件应用的主流，开源对众多商业专利具有免疫性。几年前微软 CEO Steve Ballmer 曾公开声称，开源侵犯大量微软专利，当时自由软件基金会首席律师 Eben Moglen 为此回复微软：微软今天如果还想上互联网，我们就有充分条件来反制微软。随后微软资深副总裁和首席法律顾问先后出来声明，对 Ballmer 说微软要上诉开源侵犯微软专利完全是个误会，这场风波从此告终。

## ● 开源的操作系统

### * 移动 OS 市占率高

以智能手机为例，开源操作系统全球市场占比高达 80%，中国市场占比更高达 86%。无论全球或中国市场，智能手机所搭载的开源操作系统占绝对优势，这也说明开源操作系统在移动设备市场上具有旺盛的生命力。苹果 iPhone 智能手机搭载的 iOS 操作系统是闭源系统（或专有软件操作系统），在开源浪潮冲击下，近年来 iOS 吸收了 150 万行 Linux 代码（约占整个 iOS 的 10%）。2012 年苹果公司还花大量现金购买了 Linux 的一个打印系统，并取得开源许可证 GPL 授权。

\* 自主开发的桌面（PC）OS 正在突破

20 多年来 Linux 取得了巨大发展，但 Linux 操作系统在桌面（PC）领域的市场占有率尚低（Linus 也承认这点）。目前国内自主开发桌面操作系统正在突破。自主开发操作系统是为了做到安全可控。自主开发其实称为自主协同开发更合适。为了提高开发效率，以基于开源的开发模式为好。开发操作系统，不但要开发操作系统本身（底层/内核＋中间层/应用架构+顶层/用户界面+安全模块），还要开发满足用户需求的大量应用程序，并使这些应用程序能适配于操作系统。用户应用程序的适配度要求是相当高的，在运行时要做到简洁流畅，易用好用，符合他们以往的使用习惯。是否获得用户体验的认可往往决定了操作系统开发的成效。目前国内开发这些适配应用程序，来源于：① 自主开发；② 利用 wine 移植微软的应用；③ 利用构造虚拟平台在其上架设跨平台的微软操作系统的应用（这项开发方式过于麻烦，似不宜推广）。最近我看到接近成功开发的一例开源的桌面操作系统 OPENTHOS，具有新的开发思路。

① 把以 ARMCPU 移动架构为主的 Android 操作系统进行移植和改进，形成以 x86 桌面架构为主的操作系统；对于基于 ARMCPU 的 Android APP 应用程序，通过动态翻译使之能在 x86 桌面架构下的操作系统上顺利运行。② 由于 OPENTHOS 扩展了多窗口界面框架，可充分利用桌面大屏幕环境，实现面向生产力和办公的应用场景。③ 在 Android APP 应用程序和 Linux 图形应用程序间建立互操作通道，使得二者可在一个用户界面上执行和互操作。如果说①和②的适配率可达 70%，则③的适配率 30%可做补充。如果③的开发有一定难度，可首先收获"①+②+定制"的阶段成果。

* 移植可以但要守则

开发新的操作系统允许自由下载、复制、修改、使用、再发布别人已发布的开源软件，但必须遵循开源许可证的规定,不致中断或破坏别人已发布的开源软件的自由传播特征。

* 测试技术

开发开源操作系统依赖于测试，操作系统的定型（生产）最终要通过型式试验的鉴定。国内需要建设权威的智能手机评测机构（包括安全评测）。

\* 维护升级团队

维护与开发同等重要。要建立操作系统维护服务团队，负责其在运行过程中检错、纠错、打补丁的维护工作和升级改版工作。

\* 商业模式

开源操作系统软件像其他开源软件一样一般是免费提供给用户，为了保障其持续大量发行必须建立商业模式。开源的商业模式一般是捆绑提成模式，即软件免费，与服务或网络或硬件或广告业务等合作对象捆绑在一起，通过对象的销售收入从中提成。

# 2.2　积极投入开源大发展洪流①

开源（Open Source）是 1998 年 2 月 3 日提出的概念，

---

① 作者发表于 2016 年 5 月 20 日。

是开放源代码并遵循开源许可证可进行自由传播的软件。所谓自由传播，是指可以自由发布、自由复制、自由修改、自由使用。不同的开源许可证规定不同的开源软件具有不同的自由度。自由软件（Free Software）具有最大的自由度。开源软件一般是有商业模式的，而自由软件一般没有商业模式（或没有确定的商业模式）。自由软件和开源软件的区别，实际体现在其许可证对权利义务规定严紧和宽松程度不同。具体来说，符合自由软件许可证的自由软件其源代码在修改时只能按本许可证实行再许可（不能以其他许可证实行再许可），而符合开源软件许可证的开源软件其源代码在修改时允许以不同于本许可证的其他许可方式实行再许可。这也说明了开源软件较之自由软件实用性更强。

自由软件创始人斯多尔曼（Richard Stallman）为对抗私有或专有软件潮流，写出了《GNU 宣言》（1985 年发表），开启了 GNU 计划，把 GNU 系统开发成一个吸引黑客社区自由参加的自由系统，开始时把 GNU 做成与 UNIX 兼容、可移植的系统。在 GNU 系统中包含 UNIX 软件（也有非 UNIX 软件），除 GNU 自由软件外，还包含一些用户开发的非 GNU 自由软件，GNU，GNU'S Not UNIX，即非 UNIX，通过开发不受约束的操作系统、应用程序及编程工具，来推广自由软件模式。同时 GNU 建立了通用公共许可证（general public license，GPL），提出左版（Copyleft）模式，作为自由软件的发行原则。开源与自由软件本是同根生，都具有自由、开放、共享、协同的理念和原则，我们习惯于把它们称作"自由/开源软件"，看作一体，通常两者又不能分离，不能把两者对立起来。1984 年 10 月斯多尔曼创立"自由软件基金会（FSF）"，自由软件基金会一直从事 GNU 系统编写工作，花力量开发 GNU 操作系统的内核 Hurd。由于种种原因，Hurd 的开发没有完成，使 GNU 系统的编写工作也功亏一篑。1991 年林纳斯·托瓦兹（Linus Torvalds）开发 Linux 操作系统，将 Linux 在 GNUGPL 下发布，这样自由软件基金会就用 Linux 置换未成熟的 Hurd 作为 GNU 操作系统的内核，并使之成为一个完整的、可运行的操作系统，Stallman 称之为 GNULinux，但 Linus 更愿称之为 Linux，以致 Eric Raymond（OSI 联合创始人之一）在其《大教堂与集市》的著作中谈到："Linux 的开发者与

GNU/ Linux 开发者之间似乎存在一条代沟。"有人说 UNIX 是 GNU、Linux 的源头，这是指首次实行向社会开放源码的"前 UNIX"（1969—1977），也有人说 Linux、GNU（即 FLOSS）是对抗 UNIX 的，这是指实行了私有化的"后 UNIX"（1977 年至今，不包括已分裂出去成为非主流开源的 BSD）。1998 年 2 月 3 日在加州 Palo Alto 的一次战略会议上由 Chris Peterson 首次提出了开放源码（Open Source）的概念，出席这次会议的有：Todd Anderson、Chris Peterson、John Maddog、Hall 和 Larry Augustin、Sam Ockman 及 Eric Raymond 等。次日，开源获得 Linus Torvalds 的支持并给他们以非常重要的版权许可说明，Bruce Perens 发起建立 www.OpenSource.org 网站。1998 年 4 月 7 日 Tim O'Reilly 主持"FreeWare 高层会议"通过了传播"Open Source"的必要性，参加会议的有 Larry Wall、Brian Behlendorf、Linus Torvalds、Guido Van Rossum、Eric Allman、Phil Zimmermann、Eric Raymond、Paul Vixie 等 18 人。如上所述，开源（Open Source）的概念是 1998 年提出来的，但"前 UNIX"早在 1970 年（UNIX 元年）便实行了开源（Open Source）。

1998 年 4 月 Open Source 和 Free Software 由于学术和某些观念的差异爆发了一场争论，最终 Open Source 占了上风。Stallman 开始是支持 Open Source 的，后来变成 Open Source 的反对者（纵然如此我们也很尊重 Stallman 及其对 Free Ware 的贡献）。今天 Open Source 也包括 Free Software 的东西，如 GCC，GNOME 及很多 Toolkit，而 Linux（GPL-2），Apache（GPL-3）都是 Free Software（Torvalds 更愿把 Linux 称为 Open Source），一般开源和自由软件可看成是一体的，两者都是成功的。

开源文化具有"创新、开放、自由、共享、协同、绿色、民主化"等价值取向和重要特征，即以创新为发展基轴，具有开放（开放标准、开放环境、开放源码），自由（自由发布、自由传播、自由复制、自由修改、自由使用），共享（共享资源），协同（协同开发、协同作业、协作生产），绿色（支持绿色可再生能源、绿色环境和零边际成本效应），民主化（在新兴协同共享中，创新和创造力的民主化正在孵化一种新的激励机制，这种机制很少基于经济回报，而更多地基于推动人类的经济生活方式，缩小收入差距，实现全球民主化）的特征。

开源社区开发机制是：开放环境、分布格局、社区组织、自由参与、大众开发、协同创新、资源共享、民主讨论、测试认证、对等评估、维护升级。

今天开源已成为软件的主流。据 Gartner 预测：到 2015年，85%商业软件会使用开源软件，到 2016 年，95%主流IT 企业或组织直接或间接在其"关键任务系统（Mission Critical System）"方案中使用开源软件。

开源已成为促使我国经济转型的新经济（开源经济、分享经济、互联网经济、创客经济等）的技术基础，具有协同共享基本特征的开源经济将是未来新经济的主力。其实分享（共享）经济、创客经济也可看成开源经济的重要组成部分。十八届五中全会明确提出中国要发展分享经济，发展作为中产阶级经济基础的分享经济也成为今天美国总统竞选辩论的焦点。分享经济是使商品、服务、数据、资源、人才、体验等具有分享机制的经济社会体系，或利用"互联网+创新 2.0"创新平台整合、分享海量、分散的过剩或闲置资源以满足用户多样化需求的经济模式。分享模式的实质是产权革命，使用权高于支配权（所有权），使用而不占有，以租代买。笔者过去曾列出几个分享经济模式：

① 云计算模式；② 互联网企业平台经营模式（如阿里、滴滴、Facebook、Airbnb、微信等）；③ 硅谷 1099 模式（雇用千类专业人员）；④ 应需临工模式或随叫（on demand）模式；⑤ 绿色共享模式（能源、环境）；⑥ 金融领域：股权众筹、P2P 等。

COPU 智囊团顾问、开源先驱 John Hall（Maddog）参加 2015 年深圳国际创客周活动，他设计的 6 台香蕉派（BananaPro，配置华为 64 位麒麟 Krin950 八核芯片）组成的开源微型高级计算机（mini cloud server），装于一个手提箱内，可用于 HPC 计算、HA 计算、异构计算、异构系统管理（包含 RAID）。见图 2-18。

创客经济的技术基础是开源硬件+开源软件。在北京、深圳、上海，以至于全国各地都正在掀起一波又一波以"大众创业、万众创新"为特点的创客活动高潮，他们采用 ArduinoUno、BeagleBone、树莓派（RaspberryPi）、香蕉派（BananaPro）、WRTnode、Edison（Intel）、96Board（乐美

图 2-18　John Hall（Maddog）参加 2015 年深圳国际创客周活动，
展示他设计的微型高级计算机创新成果

客 Hikey）等由开源硬件板卡构成的通用计算平台，并在其上搭载相关开源软件，从而开发了 3D 打印机，无人机，机器人，智能设备，物联网传感器，微服务器，微高算，可穿戴设备，遥控家居电子系统，魔豆，各种设备交互系统，可再生能源，智能路由器，智能插座，温、湿、空气监控器，嵌入式系统，异构系统管理，制作水培花园，番茄花园监测等。开源是创新的基础，是"互联网+创新 2.0"模式跨时代、强有力创新引擎的基础或优选项。开源与互联网理念相通，互联网是基于开源的理念、技术、应用和系统建立起来的，没有开源文化就不会有现代互联网。开源已成为深度信息领域的主流技术和系统选择，大数据的应用平台 Hadoop、Spark、Storm 等均是基于开源技术的，人工智能的发展瓶颈要靠采用开源来解决。举例来说，2015 年美国人工智能研发巨头先后宣布将人工智能（深度学习系统）的平台、引擎和工具包实行开源（如 Facebook 开源一组基于 Torch 的深度学习工具，Google 将其全新的神经网络、深度学习引擎 Tensor Flow 开源，微软开源其机器学习工具包——分布式学习工具 DMTK，IBM 开源其机器学习平台 SystemML 等）。开源将有利于加快人工智能研发进度，挑错改错，打补丁，突破研发瓶颈。有人担心由于开源会丧失其研发原创技术的主导权？不会！

开源是创新的捷径。目前在全球排名前 10 的 IT 企业，当其开发新产品和新服务时，80%的创新成果可利用企业外部的开源资源在企业外开发，而靠企业内部资源开发的创新成果只占 20%。

关键是人才。当务之急是培育、凝聚、使用开源人才。

近年来由于信息化在国内的深化和发展，以深度信息技术（云物社移大智）为核心的新时代创新引擎——"互

40

联网+创新 2.0"获得了越来越广泛的应用，从而加快了老产业、传统生产方式、旧型工业城市向新兴产业、智能生产方式、智慧城市重构的步伐。在中国大地掀起了"大众创业、万众创新"的规模宏大的"创客潮"，促进了大幅新增就业，加速新经济成长，加快生产方式的结构调整（2016年 750 万个新增企业完成注册登记）。因为开源通常是深度信息技术和创客创新的技术基础，这样的时代背景促进了开源大发展。2016 年全球最热门的 10 家大数据公司，中国占 3 席，即阿里云、GrowingIO、海致。2016 全球云计算（公有云规模）阿里云进入了三甲，即亚马逊 AWS、微软 Azure、阿里云。2016 年全球人工智能百度升至第 3，即 Google、微软、百度；2016 年超级计算机全球 Top10 中，中国神威太湖之光、天河二号居第一、第二位。电子商务在线交易额阿里天猫平台全球居首。全球互联网企业 Top10 中国占 3 席，即阿里巴巴、腾讯、百度。大疆民用无人机全球销量居首。中国智能制造战略规划"制造2025"在顺利推进中，智慧城市试点在加快实施中。在智能手机领域，华为、小米、OPPO、中兴等一批企业正在挑战苹果、三星。上述产品、系统和技术均以开源打底。Linux 基金会开发跨平台的 IoTOS，即 Zephyr，中科创达（作为创始成员）联合研华、英研、Canonical、Lineo 等 9 家企业成立嵌入式 Linux 和 Android 联盟，期望建立 Linux 和 Android 软硬件架构及产业生态体系，以加速 Linux 和 Android 在嵌入式和工业物联网及其应用上的发展。解决一直成为难题的 Linux/OSS 桌面（PC）操作系统也出现曙光。一批开源社区和企业已进入成熟期，对 Linux/OSS 从索取到贡献，从跟踪、模仿到自主、协同发展。一批应用领域或市场如智能终端设备市场、数字图书系统、互联网、国家电网、邮政网、新经济领域、深度信息技术应用领域等已是 Linux/OSS 的天下（或占主导）。

# UNIX 与中国①

    1991—1992 年 AT&T-USG 与中国合作，美方将最新开发的 UNIX 版本——UNIX SVR4.2 源代码向中方开放（除自己保留源代码外中方是全球获得源代码的第二家），中方汇聚全国软件专家、程序员 200 多人翻译、编辑、出版了 UNIX SVR4.2 中文版本，并于 1992 年 12 月与 USG 合资成立了中国 UNIX 公司。因此我们对 UNIX 版本的内涵和特点及其历史变迁有深刻的体验，对 UNIX 操作系统及后来由其演变的 Linux、BSD、iOS 操作系统，如何推动中国计算机和软件产业的发展及软件人才的培养，所具有的意义

---

① 作者发表于 2016 年 4 月 1 日。

有十分清晰的认识。

1969 年 AT&T-BellLabs 研究员 Ken Thompson 开始编写 UNIX（他在一台 PDP-7 上用汇编语言编写，1970 年研究员 Dennis Ritchie 改用 B 语言编写），UNIX 是 1970 年定名的。UNIX 名字的由来：UNiplexed Information and Computing System，即 UNICS=UNIX。1970 年定为 UNIX 元年。1973 年 Dennis Ritchie 用高级语言——C 语言重写了 UNIX。1969—1977 年 UNIX 相继推出 V1～V6 版本，这段时间的 UNIX 向社会开放源代码（早于 1998 年在加州 Palo Alto 会议上首先提出 Open Source/开源这个概念出现之前），我称这时的 UNIX 叫"前 UNIX"。

从 UNIX 的发展历史看：

（1）UNIX 可分为"前 UNIX"和"后 UNIX"两个不同的发展阶段。"前 UNIX"，1969—1976 年，这时 UNIX 或叫 AT&T-UNIX，向社会开放源代码，是开源的；"后 UNIX"，1977 年至今，1977 年 AT&T 公司将 UNIX 私有化，这时的 UNIX（或 AT&T-UNIX）是闭源的，即其源代码是不开放的。

（2）自 1977 年始（即自 AT&T-UNIX 实行私有化开始），UNIX 开始分支，分为 AT&T-UNTX 和 BSD-UNIX，前者是闭源的，后者是开源的；1990 年美国法院将 UNIX 的商标权判给 AT&T 公司，从此 AT&T-UNTX 商业版成为 UNIX 主流，而由加州大学伯克利分校推出的 BSD-UNIX 版本变成 UNIX 的非主流版本，即此时伯克利推出不包括任何 AT&T-UNTX 源代码的 BSD 版本（自 4.4BSD-UNIX 版本开始）；此时 UNIX 区分为 UNIX（即 AT&T-UNTX）和 BSD（即 BSD-UNIX，从此时开始只叫 BSD，不再叫 BSD-UNIX）两种，前者是私有、闭源、商业化的，后者是共享、开源的；目前流行的 BSD 操作系统主要有 6 个，其中 4 个 386BSD、FreeBSD、NetBSD、OpenBSD 是开源的，2 个 BSD/OS 和 Macos-X 是商业产品。

（3）自 1997—1983 年后各家 UNIX 商业公司先后推出各种 UNIX 变种，如 SUNOS、IBMAIX、HPUX、DECUltrix、微软与 SCOXenix、SunSolaris 等，这些 UNIX 变种均基于"前 UNIX"（开源）派生发展的，而 UNIX 变种大多是闭源的商业版。

（4）1987 年出于教学目的，Andrew S.Tanenbaum 编写了一个基于"前 UNIX"（开源）和 4.3BSD（开源）的开放源代码操作系统 Minix，Linux 是基于 Minix 发展起来的（1991 年 Linus Torvalds 开发并发布了开放源代码操作系统 Linux 0.01，Richard Stallman 也称之为 GNU Linux）。苹果公司的 iOS 源自 BSD 及"前 UNIX"（BSD 也源自"前 UNIX"），但 iOS 是闭源的。

（5）自由软件基金会创始人 Richard Stallman 支持开源的"前 UNIX"，他在 1985 年发布《GNU 宣言》，随着 GNU Emacs（编辑器）的发布，越来越多的 UNIX 开发人员开始使用 GNU 软件。GNU、Linux、iOS、Open Source 均源自 UNIX，或 UNIX 对 GNU、Linux、iOS、Open Source 影响深远，此处的 UNIX 指"前 UNIX"。

（6）2016 年我在与开源促进会（Open Source Initiative，OSI）前主席 Michael Tiemann 通信讨论中，他提出："开源和自由软件共同终结了私有的 UNIX 系统"，此处他把 UNIX 作为开源和自由软件的对立面，此处的 UNIX 指"后 UNIX"。他又说："开源和自由软件的框架是与所谓开放系

统（如 SUN 公司过去推销的）和开放软件（如其他 UNIX
厂商的商业化 UNIX 变种）的错误前提是对立的"，这里他
选择各家 UNIX 商业公司推出的各种 UNIX 商业化变种作
为开源和自由软件的对立面。最后他说："开源和自由软件
是以共同反对（VS）UNIX 起家的"，"开源和自由软件共
同终结了私有的 UNIX 系统"，他在这里指的 UNIX 自然是
"后 UNIX"，即私有的、商品化的 UNIX。

（7）1991 年 AT&T-USG 与中国合作，中方负责人为张
克治（筹集资金）、我和杨天行。我组织了 UNIX 新版本编
辑委员会，由杨芙清、胡道元、仲萃豪、刘锦德、尤晋元、
贾耀良、孙玉芳等国内资深软件专家组成，并邀集全国软
件专家、程序员 200 多人，翻译、编辑、出版了 UNIX SVR4.2
中文版本。1992 年 12 月中方与 USG 合资成立了中国 UNIX
公司，由 AT&T-USG 的 James Clark（USG 亚太区总经理）
任董事长、张克治（得实集团）任副董事长、贾耀良（中
软公司）任总经理。

我们共编辑出版 UNIX SVR4.2 最新版本中文版 19 册，
在人民大会堂召开首发式，向全国各大图书馆、各高等院

校赠书。如图 3-1 所示。

图 3-1　UNIX SVR4.2 中文版本（19 册）

几年以后 SCO 公司 CEO、CFO 及其聘用的律师两度来华找我，拟与中方联手状告所谓 IBM 剽窃 UNIX 源代码案，当时为我所拒绝（在这个由 SCO 发起的世纪诉讼大案中以 SCO 败诉告终，没有多久 SCO 就倒闭了）。

图 3-2～图 3-5 为相关资料图片。

图 3-2　1991 年大连 "UNIX 与中国" 国际学术研讨会会场（一）

图 3-3　1991 年大连 "UNIX 与中国" 国际学术研讨会会场（二）

图 3-4　AT&T-USG 集团亚太地区总裁 James Clark 与
中方张克治、陆首群、杨天行合影

图 3-5　1992 年中国 UNIX 合资企业签字仪式，电子部胡启立部长、
张今强副部长，北京市陆宇澄副市长参加

# 开源在中国

## 4.1  开源（Linux/OSS）在
## 中国的发展①

开源的概念是由自由软件阵营中的一群著名的"黑客"于 1998 年 2 月 3 日在美国加州 Palo Alto 的一次会议上提出来的。事实上"前 UNIX"早在 1970 年（UNIX 元年）便已实现了开源。1991 年，Linus Torvalds 开发了 Linux 操作

---

①  作者发表于 2017 年 3 月 5 日。

系统，这就为推动开源（Linux/OSS）的发展提供了重要的技术资源。1991—1992 年，国内与 AT&T-USG 合作，在其向中国开放 UNIX 源代码的授权下，双方合作开发、翻译、出版 UNIX SVR4.2 操作系统中文版本。随后，在 20 世纪 90 年代末，中科红旗、中软股份、冲浪科技，在剪裁、复制、修改 Fedora/Red Hat Linux 发行版的基础上分别推出了 Linux 中文版，共创开源（公司）也于 2000/2001 年创建，1999 年中国官方表态支持 Linux/OSS 在国内发展。这些都标志着 Linux/OSS 开始进入中国，在中国开始了二次开发和应用推广，而官民支持也给予早期 Linux/OSS 在国内的发展以很大的推动力。

从此，以 Linux/OSS 为代表的自由软件和开放源码运动在世界范围内，也在中国得到推广和传播，Linux 及运行在其上的众多软件的出色表现，不仅反映了自由软件和开放源码作为一种开发模式所表现的巨大动力，也越来越显露出其作为一种商业模式所蕴藏的巨大潜力。它对现行的版权制度提出了挑战。开源的理念为越来越多的人所接受，为国内软件产业的发展带来了机遇。当然，开源软件在项目开发组织上、在企业的商业运作及知识产权的保护上也带来了新的挑战。

近 20 年来，Linux/OSS 在全球范围内飞速发展。今天，在软件已经可以定义网络、定义硬件、定义世界的时代，开源软件也成为推动软件发展的重要机遇，已成为软件的主流。全球 380 万个开源社区的开发者参与各种开源项目的开发，超过 310 亿行代码贡献给开源软件。全球 92%的计算机采用 Linux 平台，在全球排名前 100 名的网站中，75%使用开源软件 Web 服务器（Apache 和 Nginx），全球证券交易所 90%都是用 Linux 系统，70%的移动装置搭载 Linux/OSS（Andriod）操作系统，99%的超级计算机采用 Linux/OSS。Linux/OSS 嵌入式实时系统占比高达 40%，90%以上云计算（主要是私有云）运行在开源软件架构上（如 Open Stack 等），80%以上商业软件解决方案采用开源软件。顺便指出，当前世界上最大的无人机也使用开源软件。在 PC 桌面系统领域 Linux/OSS 占比较低，但近年已出现突破的曙光。2014 年 Linux 开发 1 800 万行代码，其中 3/4 是瞄准物联网（IoT）架构的，IoT 是今后热点，形势的发展要求 Linux 瘦身创新，开发小型化、实时特性、响应快的 IoT Linux（并期望能扩展做到跨平台），Linux 正是应潮流而上，开发 Zephyr IoT 操作系统。

近年来 Linux/OSS 在国内发展很快，随着深度信息技术（云物社移大智等）带动了作为其基础技术的 Linux/OSS 的发展，开源已成为互联网、云计算、大数据、人工智能及其他深度信息技术平台的主流技术和系统选择。以公有云的规模来说，阿里云已位于全球云计算第 3 位，2016 年全球最热门的 10 家大数据公司中，中国在其中占 3 席，以人工智能研发深度和成果来看，百度已晋升全球第 3 位。深度信息技术的系统构成，通常基于 Linux/OSS。随着新经济的发展，"大众创业、万众创新"的创客潮也呼唤着开源。必须指出"双创"方向是正确的，每天都有 4 万个企业（市场主体）进行登记，从 2013—2016 年 4 年间解决了 5 000 多万劳动力就业，参加"双创"的中小微企业有很强的生命力，现在大企业也参加"双创"。淘宝网（每天处理约 4 000 万单，平均交易额 90 亿元）电子商务平台采用的底层软件（操作系统等）大多是开源软件，网约车的底层软件也是开源的，电力系统（特别是国家智能电网，100%是开源操作系统：2/3 为凝思安全操作系统，1/3 为麒麟操作系统）、数字图书系统、邮政系统、互联网、电信网、教育系统、航天、新经济部门均广泛采用 Linux/OSS 软件，金融系统及国民经济中的"关键任务系统（Mission Critical System）"使用开源软件也愈来愈多。完全开源的解决方案 LAMP（Linux、Apache、MySQL、PHP 编程语言）有很大发展，据统计，在中文网站 500 强中，采用 LAMP 解决方案的有 394 家，约占 80%；另外，开源与闭源结合的混源解决方案也有一定市场。

## 4.2　中国开源软件推进联盟[①]

2004 年 7 月 22 日，在政府主管部门的指导下，由致力于开源软件文化、技术、产业、教学、应用的企业、社区、客户、大专院校、科研院所、行业协会、社会支撑机构等

---

①　作者发表于 2017 年 3 月 5 日。

组织共同协商、自愿组建了中国软件开源推进联盟（China Open Source Software Promotion Union，COPU）。这是一家民主议事、不以营利为目的的民间行业联合体，非独立社团法人组织；当时也是为举办东北亚（中、日、韩）开源推进论坛的需要，向论坛推荐中方轮值主席单位（要求民间团体），根据信息产业部（现在的工业和信息化部）指示组织成立的（最终由信息产业部批准并推荐给东北亚开源软件推进论坛）。图 4-1 为中国开源软件推进联盟第四届（2016）理事会部分理事合影。

图 4-1　中国开源软件推进联盟第四届（2016）理事会部分理事合影

联盟的宗旨是为推动中国开源软件（Linux/OSS）的发

展和应用而努力，为促进中、日、韩及全球关于开源运动的沟通、交流、共享、协同与合作而努力，为促进中国、东北亚和全球开源运动做出贡献而努力。

联盟的作用是为推动 Linux/OSS 的发展，充分发挥联盟在政府与企业之间有关立法、政策、规划和环境建设方面的桥梁、纽带与促进作用。充分发挥联盟在企业与用户、企业与企业、企业与社区、中外企业/社区之间，企业与科研、教育、支撑机构之间，关于研发、发行、生产、教育、培训、测试、认证、维护、标准化、应用等方面沟通、交流、协调、合作、推进的桥梁、纽带与促进作用。

联盟成员一般是集体成员，包括 IT、互联网、金融、电信、广电、邮政、图书馆、机械、航天航空、矿业、商业、教育、研究所、政府机构、传媒等，还包括跨国公司在华的分支机构，也接纳他们申请加盟（如 IBM、Intel、HP、Sun、Oracle、Canonical、SAP、CA、BEA、Hitachi、Sybase、FranceTelecom、Fujisu、Google、LPI、RedHat、Novell、Nokia、NEC、Mozilla、Turbolinux、XteamLinux、Linux 用户协会、Kenoah、Sz-accp），联盟成员约 200 家。

除日常工作外，联盟重视推进国际合作。由联盟主持或轮值主持的国际会议有两个，一个是"东北亚开源软件推进论坛"，另一个是"开源中国开源世界高峰论坛"（包括在其中召开的"圆桌会议"），也有临时性国际会议（如在 Linux 基金会协助下，2008 年在北京召开的"Linux 开发者国际研讨会"）。

东北亚开源软件推进论坛暨 IT 局长会议，2004 年 4 月在北京召开首届会议，到 2016 年已举办了 15 届，历届会议如下：

| | | | |
|---|---|---|---|
| 2004.4 | 首届 | 中国 | 北京 |
| 2004.7 | 第 2 届 | 日本 | 东京 |
| 2004.12 | 第 3 届 | 韩国 | 首尔 |
| 2005 | 第 4 届 | 中国 | 天津 |
| 2006 | 第 5 届 | 日本 | 福冈 |
| 2007 | 第 6 届 | 韩国 | 济州岛 |
| 2008 | 第 7 届 | 中国 | 无锡 |
| 2009 | 第 8 届 | 日本 | 东京 |
| 2010 | 第 9 届 | 韩国 | 首尔 |

| 2011 | 第 10 届 | 中国 | 西安 |
| 2012 | 第 11 届 | 日本 | 冲绳 |
| 2013 | 第 12 届 | 韩国 | 釜山 |
| 2014 | 第 13 届 | 中国 | 武汉 |
| 2015 | 第 14 届 | 日本 | 东京 |
| 2016 | 第 15 届 | 韩国 | 济州岛 |

东北亚开源软件推进论坛是高质量的，以第 5 届东北亚开源软件推进论坛的总结为例："建立东北亚 OSS 论坛，现在日趋成为三国 OSS 沟通、交流、发展和应用合作的坚实平台。"OSS 论坛设三个工作组：技术开发与评估工作组、人力资源开发与培训工作组、标准化与认证工作组，后来又增加一个工作组即开源应用和推广工作组。OSS 论坛还开展中日韩开源软件竞赛，为对开源做出杰出贡献者颁奖。

东北亚开源软件推进论坛相关资料图片见图 4-2～图 4-4。

开源中国开源世界高峰论坛，2006 年 6 月在北京召开首届会议，到 2016 年已举办了 11 届，历届会议如下：

图4-2　2007年第6届东北亚开源软件推进论坛上，中日韩三国OSS推进联盟（论坛）主席与三国获OSS大奖选手一起合影

图4-3　2008年第7届中日韩三国IT局长OSS会议与第7届东北亚开源软件推进论坛领导人合影

图 4-4　2009 年第 8 届中日韩三国 IT 局长 OSS 会议与第 8 届
东北亚开源软件推进论坛领导人合影

| 2006.6 | 首届 | 中国 | 北京 |
|---|---|---|---|
| 2007.6 | 第 2 届 | 中国 | 广州 |
| 2008.6 | 第 3 届 | 中国 | 广州 |
| 2009.6 | 第 4 届 | 中国 | 北京 |
| 2010.6 | 第 5 届 | 中国 | 北京 |
| 2011.6 | 第 6 届 | 中国 | 北京 |
| 2012.6 | 第 7 届 | 中国 | 北京 |
| 2013.6 | 第 8 届 | 中国 | 北京 |
| 2014.6 | 第 9 届 | 中国 | 北京 |

2015.6　　　第 10 届　　　中国　　　　广东增城

2016.6　　　第 11 届　　　中国　　　　北京

开源中国开源世界高峰论坛相关资料图片见图 4-5～图 4-14。

图 4-5　2006 年开源中国开源世界高峰论坛嘉宾合影

图 4-6　2007 年开源中国开源世界高峰论坛圆桌会议现场

图 4-7　2007 年开源中国开源世界高峰论坛圆桌会议嘉宾合影

图 4-8    2008 年开源中国开源世界高峰论坛会议现场

图 4-9    2009 年开源中国开源世界高峰论坛圆桌会议嘉宾合影

图 4-10　2013 年开源中国开源世界高峰论坛会议现场

图 4-11　2013 年开源中国开源世界高峰论坛嘉宾合影

图 4-12　2013 年开源中国开源世界高峰论坛圆桌会议合影

图 4-13　2017 年开源中国开源世界高峰论坛主论坛合影

图 4-14 2017 年开源中国开源世界高峰论坛圆桌会议合影

"开源中国开源世界高峰论坛"的学术讨论是高质量的，具有世界性影响，这得益于中国开源软件推进联盟聘请全球著名的开源领袖和大师组成的联盟智囊团，这个智囊团在开源学术上是绝对权威的，他们参加开源峰会吸引了全球跨国公司、国际开源社区的资深专家和企业主管与会，以及国内各界开源精英和草根与会，他们的发言也不时闪现亮点，开源峰会也为开源的国际合作铺路架桥，不少已结出硕果。

历届智囊团部分高级顾问：

Jim Zemlin　　　　　Linux 基金会执行董事

Brian Behlendorf　　Apache 基金会创始人，开源创始人

| Larry Augustin | Source Forge 创始人，开源创始人 |
| Micheal Tiemann | OSI 主席，开源创始人 |
| Andrew Morton | Linux 内核开发大师 |
| David Axmark | 开源数据库 MySQL 创始人 |
| Marc Fleury | 开源中间件 JBoss 创始人 |
| Eben Moglen | 自由软件基金会首席律师 |
| Mark Shuttleworth | Ubuntu 开源社区创始人 |
| Dirk Hohndel | Intel 开源总监 |
| 郑妙勤 | IBM 院士、美国工程院院士 |
| Justin Erenkrantz | Apache 基金会主席 |
| Dave Neary | GNOME 基金会主席 |
| Brian M.Stevens | RedHat CTO |
| Markus Rex | Novell CTO |
| Chris Dibona | Google 开源资深专家 |
| Brett Porter | Apache 基金会主席 |
| Cosimo Cecchi | GNOME 基金会总裁 |
| George Grey | Linaro CEO |
| Wim Coekaerts | Oracle 开源资深专家 |

| Tim Yeaton | Black Duck CEO |
| --- | --- |
| Simon Phipps | Sun 首席开源官 |
| John Hall (Maddog) | LPI 主席，开源创始人 |
| Jeffrey M. Nick | EMC CTO |

............

图 4-15～图 4-34 为部分联盟智囊团高级顾问照片。

图 4-15　Jim Zemlin，Linux 基金会执行董事

图 4-16　Brian Behlendorf，Apache 基金会创始人，开源创始人

图 4-17　Larry Augustin，著名开源社区 SourceForge 创始人，

CRM 开源企业 CEO，开源创始人

图 4-18　Andrew Morton，Linux 内核开发大师，Linux2.6 版本监护人

图 4-19　Dirk Hohndel，Intel 开源技术中心战略总监

图 4-20　郑妙勤，IBM 院士、美国工程院院士

图 4-21　Justin Erenkrantz，Apache 基金会前主席

图 4-22　Rammohan Peddibhotla，Intel 开源技术中心总监

图 4-23　Micheal Tiemann，OSI 主席，开源创始人

图 4-24　Brian M. Stevens, RedHat CTO

图 4-25　Markus Rex，前 Novell 主管开源平台的 CTO

图 4-26　Chris Dibona，Google 资深开源专家

图 4-27　Wim Coekaerts，Oracle 资深副总裁

图 4-28　Tim Yeaton, Black Duck CEO

图 4-29　Jeffrey M. Nick, EMC Corporation

图 4-30　Simon Phipps，Sun 公司首席开源官

图 4-31　Cosimo Cecchi，GNOME 基金会总裁

图 4-32　George Grey，Linaro CEO

图 4-33　Brett Porter，Apache 基金会主席

图 4-34　Mark Shuttleworth，Ubuntu 开源社区创始人

自中国开源软件推进联盟设主席智囊团两年后，美国也成立开源软件推进联盟并学习中国设立智囊团；EMC、SAP、Siemens、GNOME、Linaro、Mozilla、BlackDuck、LPI 等国际著名企事业高层主管或资深专家以及社区领袖找到 COPU 要求参加智囊团。

2017 年 6 月 22 日，在北京举行的"开源中国开源世界 2017 高峰论坛"上，中国开源软件推进联盟（COPU）名誉主席陆首群教授聘请 Greg Kroah-Hartman 先生、Chris Aniszczyk 先生、Marcus Streets 先生、John "Maddog" Hall 先生、Dan Kohn 先生、Deb Goodkin 女士、Thomas Di Giacomo 先生、G. Matthew Rice 先生为 COPU 智囊团顾问，

并颁发聘书。

相关照片见图 4-35～图 4-42。

图 4-35　Greg Kroah-Hartman，Linux 基金会 Fellow、Linux 内核稳定版维护者

图 4-36　Chris Aniszczyk，Linux 基金会 OCI 执行总监

图 4-37　Marcus Streets，Linux 基金会 CII 项目总监

图 4-38　John"Maddog"Hall，LPI 主席

图 4-39　Dan Kohn，Linux 基金会 CNCF 执行总监

图 4-40　Deb Goodkin，FreeBSD 执行总监

图 4-41　Thomas Di Giacomo，SUSE CTO

图 4-42　G. Matthew Rice，LPI 执行总监

# 4.3　我与 OSDL[①]

2000 年 9 月，IBM、HP、Intel、Oracle、NEC、日立、富士通等 7 家制造公司宣布，它们将与 Linux 社区的志愿开发人员合作，创建和资助一个用来开发和测试新版本 Linux 操作系统的中心实验室。

2000 年 12 月，这些企业在美国俄勒冈州的波特兰（PORTLAND）市创建"开放源代码实验室 OSDL（Open Source Development Labs）"。它们作为这个实验室的发起人，每年出资 100 万美元，以资助 Linux 研发工作，创造 Linux 发展的良好环境。这些企业组成了 OSDL 理事会，负责对 OSDL 的监管工作，首届理事会由 IBM 的 Ross Mauri（IBM 资深副总裁、主机系统事业部总经理）任主席，并聘请 Stuart Cohen 任 OSDL 主任（Director）。OSDL 实验室的研发人员以 Linux 社区的志愿开发者、测试者、维护者、

_____

① 作者发表于 2016 年 4 月 21 日。

管理者为主，后来不断有人加入，OSDL 取得发展。上述 7 家组成 OSDL 理事会的企业作为发起人，后来也有所扩大，如 Novell 作为 OSDL 新的理事单位。OSDL 成立的信息当时传到中国也引起了很大震动。

2003 年 6 月，Linus Torvalds 离开了一家名叫 Transmeta 的小公司（为维持其无偿开发 Linux 及生计），正式加入了 OSDL，随后有一批开源资深专家（如 Andrew Morton）也加入了 OSDL。

2005 年 5 月 10 日，Stuart Cohen 代表 OSDL 聘请陆首群为 OSDL 特别顾问（Expert Advisor）。附照片，见图 4-43～图 4-45。

图 4-43　OSDL 主任 Cohen（右二）聘请作者为特别顾问（Expert Advisor）

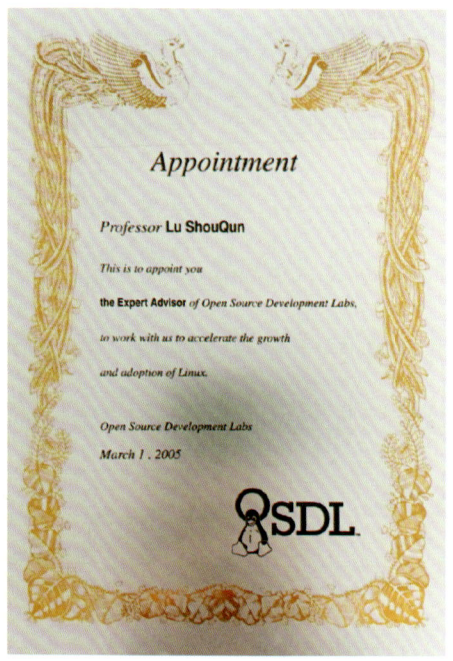

图 4-44　OSDL 聘书

图 4-45　Cohen（右三）向作者颁发聘书

注：陪同人员有平野正信（左三，时任全球联盟 Global Alliances 副总裁），
中国工程院院士倪光南（左二）

2005 年 8 月，陆首群赴美，在 Cohen 陪同下与 OSDL
理事会主席 Ross Mauri 会晤（陪同 Ross 与陆会晤的还有
时任 OSDL 副主席的 Novell 的 CTO）。附照片，见图 4-46～
图 4-48。

图 4-46　OSDL 理事会主席与作者

注：OSDL 理事会主席时任 IBM 资深副总裁、主机系统事业部总经理

图 4-47　OSDL 理事会主席、副主席与作者会晤

注：OSDL 理事会副主席（左一），时任 Novell CTO

图 4-48　Ross Mauri、Cohen、平野等与作者合影

随后 Cohen 还陪同陆首群与 OSDL 众多研发人员如 Andrew Morton 等会面。附照片，见图 4-49。

图 4-49　Cohen、Andrew Morton（Linux 内核开发大师）与作者

2007 年，由 OSDL 与自由标准组织（Free Standards Group，FSG）合并成立 Linux 基金会。基金会设董事会，

由 Jim Zemlin 担任执行董事。Linux 基金会由会员制组成，不同层级会员以不同出资额度支持 Linux 基金会开发工作胜利运转（当然不同层级会员在 Linux 基金会中享有不同权益）。附照片，见图 4-50。

图 4-50 时任自由标准研究所（FSG）所长的 Jim Zemlin 访华照片

Linus Torvalds 是 Linux 的创始人，1991 年 10 月 5 日发表 Linux V0.01 版（约 1 万行代码），Linux 在全球开源运动中是迄今发展最快、贡献最大的开源操作系统软件，2012 年 Linus Torvalds 因其在 Linux 内核和 Linux 开源操作系统方面做出的杰出贡献荣获"2014 IEEE 计算机先驱奖"即"千禧年技术大奖"（相当于技术界的诺贝尔奖）。Linus 一直引领着 Linux 社区、OSDL 实验室、Linux 基金会中 Linux 的发展，但他为人低调务实，始终没有离开程序员的工作。

附照片，见图 4-51。

图 4-51　Linux 创始人 Linus Torvalds 与作者在日本合影

# 4.4　我与中国开源

我从接触开源，了解开源，到热爱开源，再到为开源的传播和发展出力、做贡献，经历五个阶段。

（1）1991 年始，我们与 AT&T USG 合作，在 AT&T 首次将 UNIX 源代码向我们开放授权的基础上，组织国内 200 多位软件专家、程序员翻译出版 UNIX SVR4.2 中文版本共 19 册（国内各地图书馆、各高等院校及中科院均获馈赠），这是我首次接触开源（在 1998 年 Palo Alto 会议首次提出开源概念之前）。

（2）20 世纪 90 年代末，中科红旗、中软股份、冲浪科技等企业在剪裁、复制、修改 Fedora/Red Hat 的 Linux 发行版基础上，分别推出了 Linux 操作系统中文版本，这是中国早期的开源活动，我也首次接触了 Linux 及其在中国的传播的实践。稍后，由高文教授等创建的共创开源也是中国早期的 Linux 企业，2003 年 1 月，我受高文委托接管共创开源，同年也受航天部张长江委托代管他们的 Turbolinux，这时我接触 Linux 又深入了一步，并在实践中获得了 Linux 体检。

（3）1999 年始，澳大利亚阿德莱特医学院开源社区的 Peter Hefferman、Colin McCormarck 等人希望通过我与中方合作，在中国开发、传播 Linux/OSS。他们对 Linux/OSS 有深刻理解和亲身体验，通过合作使我们受益匪浅，使我对 Linux/OSS 的创新成就由衷钦佩，对尚未谋面的 Linus Torvalds 油然产生尊敬之情。

（4）2004 年由中科院孙玉芳等人编著的《自由软件与

开放源码运动文集》，介绍自由软件与开源运动的发展历程、Linux发展大事记、国内外开源社区、企业和产品概况，以及各种开源许可证。通过学习使我更清晰地了解开源运动的发展历史、开源的概念、理念和规则，以及当时开源运动蓬勃发展的场景。

（5）2004年我们成立了"中国开源软件推进联盟"，我被推选为理事会主席，同年中日韩三国合作成立了"东北亚开源软件推进论坛"，我被推选为三国轮值主席。我们还聘请了二十多位全球开源领袖和资深大师，成立联盟智囊团（这个创举后来为美、欧所仿效）。从此我不遗余力，为推动中国、东北亚及全球开源的发展和传播以及开源的国际合作而奋斗。

近年来中国开源运动突飞猛进，其社会背景有四：

（1）当今中国要保持经济中高速增长、产品结构迈向中高端水平，主要靠创新，尤其需要跨时代、颠覆性的创新，此时"互联网+创新 2.0"高强度创新引擎应运而生，深度信息技术（云物社移大智等）是创新2.0的重要基因，而开源往往是深度信息技术的底层配置。

92

（2）当今中国新经济（由开源经济、分享经济、创客经济、智能经济等组成）崛起，而以协同共享（共有）为基本特征的开源一般是新经济的技术基础。

（3）国外开源运动大发展和开源生态系统日臻完善，对中国开源运动起到有力的促进作用。

（4）推动中国开源运动的发展主要依靠国人、国内社区和企业、精英与草根自己的努力。"大众创业、万众创新"，如此规模宏伟的中国创客潮（基于开源硬件+开源软件），在 2016 年一年之内新生企业 750 万户、新生市场经济体 1 600 万户，这样较好地解决了社会劳动就业问题并促进了经济增长，当今中国经济增长对全球经济增长的贡献率达 30%以上；……这一切均包含开源在中国经济增长中做出的贡献。

几十年来 Linux/OSS 在世界、在中国日益深入人心，日益为人们和企业理解与接受，日益得到推广与传播，在开源的大发展中 Linux 的表现尤为亮丽。今天 Linux/OSS 不但作为一种开发模式表现出巨大的创新动力，而且作为一种商业模式蕴藏着巨大的潜力。

# 4.5 Linux基金会向陆首群教授颁奖

**Linux 基金会授予陆首群教授"推进开源终身成就奖"**

在 2017 年 6 月 19—20 日，Linux 基金会首次在中国（北京国家会议中心）召开 LC3（LinuxCon & ContainerCon & CloudCon）会议。在会上 Linux 基金会授予中国开源软件推进联盟名誉主席陆首群教授"推进开源终身成就奖"。①Linux 基金会执行董事 Jim Zemlin 先生在颁奖仪式上高度评价陆教授，他说："我与陆主席是相识十多年的老朋友，他一直关心开源运动，积极推进包括 Linux 在内的开源在中国、亚洲和世界的发展，做出了很多重要的杰出贡献。""十年前我对与陆教授的一次谈话记忆犹新，我们讨论了中

---

① 这里的开源（Open Source，或如 Linus Torvalds 在题词中所说的"全部开源"）不是单指开源软件，而是指整个开源事业或开源运动，包括开源价值观、开源文化、开源技术、开源产业、开源教育、开源硬件、开源软件、开源生态、商业模式，以及开源与互联网、深度信息技术、创新 2.0、创客运动和新经济关系；推进（Promotion）不是单指推广，包括创新、开发、维护、测试、发布、应用、体验、推广、教学、国际合作以及产业链和开源生态。

国正在成为全球技术领先者及开源大发展在这一转型中将发挥关键作用，十多年之后，像华为、阿里巴巴、百度、腾讯等公司，它们不仅在开源技术方面，而且在全球 IT 经济中处于领导者的地位。陆教授十年前正确地预测到这一趋势。我对陆教授一直心怀感激！"

对于陆主席的新著《开源、创新和新经济》，Linux 和 Git 创始人 Linus Torvalds 先生说："陆主席，感谢您对中国全部开源事业做出的杰出贡献！"

Jim Zemlin 先生说："陆首群主席作为中国开源软件的先锋，为推进中国和全世界开源做出了很多重要的贡献，我对您一直心存感激。"

Apache 基金会创始人、Linux 基金会基于开源的区块链 Hyperledger 项目负责人 Brain Behlendorf 先生说："感谢陆首群教授一直以来对于开源的信念、热情和远见。"

Linux 基金会内核稳定版维护者 Greg Kroah-Hartman 先生说："感谢陆主席过去很多年对于开源的全力支持，祝福您在未来的日子里继续推动这一卓有价值的工作。"

相关照片见图 4-52～图 4-57。

图 4-52    Linux 基金会授予中国开源推进联盟名誉主席陆首群教授
"推进开源终身成就奖"

图 4-53    Linux 和 Git 创始人 LinusTorvalds 先生与陆首群教授等合影

图 4-54　Linux 基金会执行董事 Jim Zemlin 先生与陆首群教授

图 4-55　Apache 基金会创始人、Linux 基金会基于开源的区块链
Hyperledger 项目负责人 Brain Behlendorf 先生与陆首群教授

图 4-56　Linux 基金会内核稳定版维护者 Greg Kroah-Hartman 与陆首群教授

图 4-57　陆首群教授在 LC3 大会上作获奖答谢发言

# 4.6　陆首群会晤 Linus Torvalds

2017 年 6 月 19 日下午，陆首群教授（中国开源软件推进联盟名誉主席）与 Linus Torvalds 先生（开源创始人之一，Linux 和 Git 创始人）会见，两人久别重逢，见面时热情相拥。陆说："Linus 先生，非常高兴在中国见到您"，Linus 说："陆主席，我也同感！"陆说："我要祝贺您荣获'2014 IEEE 计算机先驱奖'，这是计算机界的诺贝尔奖"，陆接着对 Linus 说："今日之中国正处于开源大发展时期，精英和草根均做出很大贡献。为了推动工业社会传统业态的重构，推动经济的转型和发展，在中国已广泛采用开源来锻造跨时代、颠覆性的创新引擎：《互联网+创新 2.0》，掀起了基于开源的大众创业万众创新的创客潮。所以此时此刻，我们特别欢迎您来华指导，并期望与 Linux 基金会密切合作。"陆还说："Linus 先生，您是非常优秀的开源领袖，为全球的开源事业做出了非常杰出的贡献，您比较务实低调，令人敬仰！"陆说："最近我正在写一本书，送您这本由我签名的底稿，谨请指教！抬头写您的名字，是 Linus 还是 Torvalds？"

Linus 说："谢谢！新书的内容 Jim 曾向我做过介绍，很好！我抬头的名字写 Linus 吧！"陆说："我还带来了这本底稿，想请您在空白的扉页上题词。"Linus 高兴地提笔题词："陆主席，感谢您对中国全部开源事业做出的杰出贡献。"20 日中午在华为为 LC3 大会承办的 VIP 午餐会上，陆教授将应邀参会的同事：卢山（中国开源软件联盟主席）、倪光南（中国工程院院士），介绍给 Linus；同时也介绍给其他开源资深专家：Brian Behlendorf（开源创始人之一，Apache 基金会创始人，Linux 基金会基于开源的区块链 Hyperledger 项目负责人）、Jim Zemlin（Linux 基金会执行董事）、Greg Kroah-Hartman（Linux 内核稳定版维护者），与他们相识相谈。

相关照片见图 4-58～图 4-61。

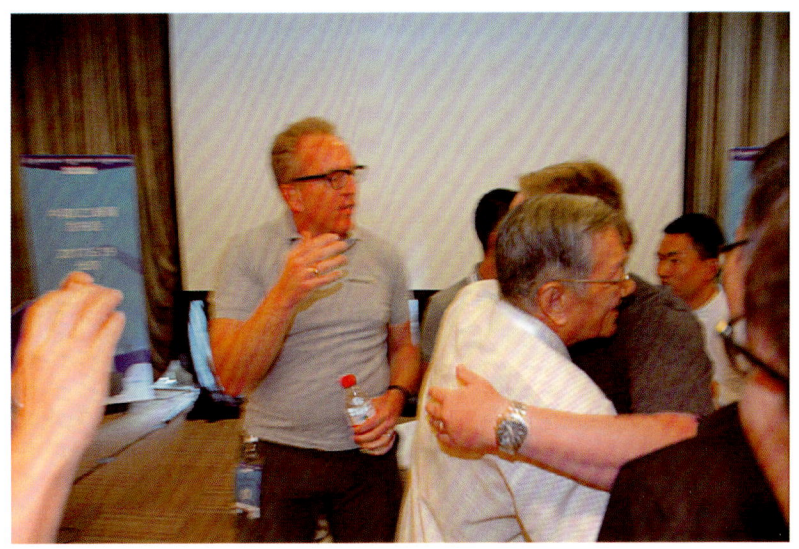

图 4-58　陆首群教授与 Linus Torvalds 热烈相拥

注：当时，Linus 记者会已经结束，不少记者还不离去，陆首群教授—Linus
　　会晤即将开始，两人在 VMware VP Dirk 协助下冲出包围圈热烈相拥

图 4-59　两位老友久别重逢，相谈甚欢

图 4-60　陆首群教授在底稿上签字送与 Linus

图 4-61　陆首群教授和 Linus Torvalds 合影

# 自由软件、开源软件
# 有关问题的讨论

## 5.1　讨论自由开源软件（FLOSS）[①]

Michael Tiemann 先生就陆教授文章来信谈：

非常感谢你们发送这篇文章（COPU 注：指"积极投入开源大发展洪流"）。如果你们查看维基百科页面，你会

---

① 作者发表于 2016 年 5 月 27 日。

看见我也参加了 Palo Alto 会议（COPU 注：该会议第一次提出了 Open Source/开源的概念）：

https://en.wikipedia.org/wiki/Open-Source#The-emergence-of-the-.22open-Source.22-term

此外，如你们可能知道的，早在 1989 年，Cygnus 公司就开始提供自由软件的商业支持，在开源软件这个词发明之前做到了每年近两千万美金的收入。远在开源这个词发明前，Cygnus 公司和 Red Hat 公司就获得了风险投资。这就意味着"自由软件"并非没有商业模式。进一步来说，开源更易于促进自由软件的利益和软件的其他自由许可证模式。

我认为在一篇重要的文章中如果将开源软件和自由软件对立起来可能其效果会适得其反的，因为两者都很重要，两者都很成功。如果你从开源软件的世界中删除了自由软件，就没有 Linux，没有了 GCC，没有了 Gnome，没有了 Blender，没有了 R，等等。

更为重要和有用的预设框架是开源软件（及自由软件）与所谓"开放系统"（如 Sun 过去推销的）和"开放软件"

（如所有其他 UNIX 厂商推荐的）错误前提的对立（COPU
注：作者认为开源软件及自由软件是与 UNIX 商业公司先
后推出的各种 UNIX 变种的商业版对立的）。作为一个有意
义的平台，开源软件及自由软件将共同终结私有的 UNIX
系统（COPU 注：作者认为开源软件及自由软件是与私有
UNIX 系统对立的）。但开源从来没有终结过自由软件。

　　请将我的这些评论转告给你们尊敬的主席，谢谢。


Michael Tiemann


　　陆首群教授对 Michael Tiemann 先生的来往信件的
回复：

Michael Tiemann 先生：

　　非常感谢你的回信。正如你提出警示的那样，我们无
意将 Open Source 与 Free Software（Stallman 将其纳入 GNU
框架）对立起来，即不存在 Open Source VS Free Software
的问题，你从我的文章中完全可以看到这点，请不要误解。
我们一直认为，Open Source 与 Free Software 本是同根生，

或者说 Open Source 是从 Free Software 上发展起来的，很多自由、开放、共享、协同的理念和原则是相通的，我们中国也习惯称"自由开源软件（Free Libre Open Source Software，FLOSS）"，把它们看成一体。可能后来的 Open Source 的内涵比 Free Software 更宽泛一些，事实上如你所讲 Open Source 更可能包含很多 Free Software 的东西，如 GCC，Gnome 及很多 Toolskit 等，而 Linux（GPL2）、Apache（GPL3）都是 Free Software（但 Torvalds 更愿说 Linux 为 Open Source），Free Software 与 Open Source 两者都是重要的，都是成功的。我们很尊重 Richard Stallman 先生，他是 Free Software 创始人，多次来中国访问，但他比较偏激，对一些成功的 Open Source 的无端责难，我们不敢恭维！这里我们举出你的前任 Eric Raymond 记述的一段话：在 1996 年的一次会议上 Stallman 与 Linus 意见相左，Stallman 开玩笑说可以有不同意见，但如选择一种攻击性的表达方式似乎不太好。为此请你注意，对 Stallman 的某些不同看法不等于要将开源软件与自由软件对立起来。

再次致谢！

陆首群

2016.1.15

陆首群教授对 Michael Tiemann 先生的来信分析：

Michael Tiemann 来信谈了三层意思：① 他早年（1989年前）在 Cygnus 公司工作（或许是创始人之一），该公司在 Open Source/开源概念出世前就已商业销售"开源软件"。其实在 Open Source/开源概念出世前，UNIX 在 1970 年就已开源了（比 Cygnus 开源还要早近 20 年）。② 他建议不要把 Open Source 与 Free Software 对立起来，这是对的，但可能有误解，为此我在给他的复信中说明了。③ 他认为 Open Source 或 Free Software 是共同反对 UNIX 起家的，他还指出把 UNIX 变种认为是"开放系统"或"开放软件"是欺人之谈！我在这里再补充一点：AT&T Bell Labs 实验室开发了 UNIX 操作系统，在 1977 年前允许以分发许可证的方法让大学和科研机构获得 UNIX 的源码，这时的 UNIX

已经是开源的了（在提出 Open Source 概念之前），我们称之为"前 UNIX"，1977 年之后 UNIX 实行私有化，是闭源的，我们称之为"后 UNIX"，Tiemann 的意思是开源软件和自由软件共同反对私有的 UNIX（即"后 UNIX"），这是对的。Michael Tiemann 在开头还谈到他也参加了 Palo Alto 会议，表示他也是 Open Source 创始人之一，不要把他遗漏了。Michael Tiemann 认为自由软件也有商业模式，我们认为起码是微弱或不确定的，在此不跟他争议了。

## 5.2　Linux 迎接挑战①

Linux 创始人 Linus Torvalds 说：Android 就是 Linux 操作系统，今天全球持有 Android 智能手机的人已超过 20 亿；全球 500 台运行速度最快的超级计算机 80%采用 Linux；在网络领域，由中国企业（中移动、华为）主导的基于 Linux 的主流开源项目 Open-O 最近创新成功，该项目涉及网络管

---

① 2016 年 5 月 20 日中国开源软件推进联盟专家委员会发表。

理和编排领域的创新，它将重新定义 SDN 的基础架构，指导全球一些大规模通信网络的部署和管理；甚至连微软的云计算平台 2016 年 8 月也引入红帽的 Linux（企业版）操作系统。Linux 无处不在，但遭遇挑战。今发表陆首群教授和吴峰光博士对话——关于 Linux 迎接挑战的序列对话（之一、之二、之三）。

## 陆首群教授与吴峰光博士
## 关于 Linux 迎接挑战的序列对话之一

（陆首群教授，中国开源软件推进联盟名誉主席，以下简称"陆"；吴峰光博士，Linux 基金会 Linux 大规模自动化测试专家，以下简称"吴"）

陆：今天要跟你讨论的问题主要是 Linux 在发展中遇到了哪些挑战，我准备给 Linux 基金会创始人 Linus Torvalds 写信，问他有哪些应对措施。在写信前先跟你讨论：第一个问题：有人说 Linux 的发展似乎不是从用户的需求出发的，而是来自开发者的创意。如果长此下去，是否会使 Linux

发展迷失方向？

第二个问题：Linux 开发支持基于 x86 的主流架构，Linux 虽然也支持多架构如 ARM、mips 等，但其他架构是非主流的，支持力度恐怕要弱，面对 PC 向移动继而又向 IoT 的发展形势，长期以 x86 作为支持的主流架构是否会阻碍 Linux 的发展？

第三个问题：最近谷歌开发了用于物联网（IoT）领域新的操作系统开源的 Fuchsia，其特点是小型化和实时性，而作为通用操作系统的 Linux（大量用于移动终端也可用于桌面系统）相对来说功能多，结构复杂、体积臃肿，难以做到小型化、实时性，但 IoT 是当前和未来影响极大的大市场，Linux（用于 IoT）是否要迎接挑战呢？

吴：陆主席，您好！

关于您电话中提到的三个问题，我的感觉是第一个问题是虚的，第三个问题是实实在在的，第二个问题很大程度上根源于 ARM 厂商和市场的特质。

## 1. 开发者与用户需求问题

Linux 开发者以用户需求为依据，大体上可以分为两类：

● -Linux 代码贡献者：主要是各个下游厂商的开发者，或者团体/个人用户，他们是需求的提出者和实现者，是主要推动力量。

● -Linux 维护者：站在 Linux Kernel 长远发展的角度，审查代码，改进架构，确保质量、性能和长期可维护性。维护者对于各个厂商基本持兼容并包的态度，其立场一般是中立的从技术角度看问题。这样的体系基本上是合理的，体现了 Linux 社区驱动的性质：需求主要来源于社区力量，体现为企业/个人用户的代码提交。

## 2. x86/ARM 问题

如前所述，Linus 及其维护者团队努力维持其自主性，鼓励各厂商的开发者以"独立贡献者"（individual contributor）的方式贡献代码。

Linus 对 x86 支持得好，源于两个主要因素：

● -x86 是主流硬件，大部分用户和开发者都在用 x86，自然而然它的功能、性能、bug 反馈都有先天优势。

● -x86 开发较为有序，ARM 相对涣散，特别是在 Linaro 组织出现之前。

ARM 阵营里的厂商竞争多于合作，导致 ARM 这个体系结构的维护状态跟它拥有的开发者数量不相称。很典型的就是 ARM 里的子架构非常多，高达 74 个，每个厂商自搞一套，代码互相拷贝粘贴，大同而小异。造成维护的噩梦，Linus 对此深恶痛绝，屡屡批评和督促 ARM 开发者向 x86 开发者学习。Linaro 组织的出现就是朝这个方向的一个重要努力。ARM 架构的代码修改量很长时间以来都比 x86 架构的修改量大得多，代码绝对数量也更大：ARM，38 万代码行数；x86，26 万代码行数。这说明 ARM 不缺开发者，可惜各自为战的成分多了些。除此之外，各 Android 手机厂商开发的数量庞大的代码，大部分都没往上游推。主要是有很强大的产品快速上市的压力。前后产品之间的代码复用都很难。相比而言，服务器厂商在产品开发和生态培育上更有节奏感，能长期稳健投入，建设起一个体系。

Linux 从 1995 年发布 1.2.0 开始就支持多种硬件架构了。这时候的 Linux 还处于幼儿阶段，代码简单。这么早就引入多体系架构的支持，意味着 Linux 从设计上对多架构的支持是完善和具有前瞻性的。如果某些架构表现不好，大概只能从这个体系架构的厂商那里去找原因了。

### 3. IoT

IoT 对于 Linux 的确是一大挑战。主要是大小和延迟两方面的挑战。一方面是因为 Linux 的成功发展导致了臃肿和复杂；另一方面是 Linux 是社区驱动的，来自于嵌入式厂商的驱动力量偏于薄弱。我倡议相关的嵌入式厂商和开发者采取切实的行动，贡献自己力所能及的力量，让 Linux 在小设备上跑得更好。社区的创造源泉来自于包括你我在内的每个参与者。

Regards，Fengguang

## 陆首群教授与吴峰光博士
## 关于 Linux 迎接挑战的序列对话（之二）

陆：最近 Google 开发新的操作系统 Fuchsia，其内核 Magenta（基于 Little Kernel，LK）与 Android（LinuxOS）及 Linux（Kernel）有什么差别呢？它的应用范围是跨平台的：IoT、移动终端、桌面系统。我看它主要用于 IoT，说要扩展到桌面操作系统领域，似乎有点吹牛。我还是认为，Linux 和 Fuchsia 应用范围是各司其职。它与 Linux 操作系统最大的区别是它能做到小型化和实时操作，Linux 作为一个通用操作系统，代码影像尺寸（内存空间）愈来愈大，响应时间愈来愈长（难以实时操作）。时代在变化，由 PC（桌面系统）而移动（终端）继而物联网（IoT），IoT 是"第四次工业革命"的主要领域。Linux 的发展是否也会与时俱进？Linux 有没有瘦身化的目标？你电话中告诉我，Linux 也有精简版，恐怕这时尚难做到小型化和实时操作。还有一点，Fuchsia 还不仅小到像一个嵌入式系统，它还要跨平台。我除了想与你探讨 Linux 和 Fuchsia 的关系外，还请你搜集一些具体数据（我本人也在搜集中）。我感到有兴趣的是 Linux 如何应对挑战，首先想听你的意见。

吴峰光为此回复关于 Linux 和 Fuchsia 的 13 封信如下：

（其中 8 月 25 日 21:11 和 21:27 的两封邮件已纳入"关于 Linux 迎接挑战的序列对话之一"中）

吴峰光 8 月 24 日 20:15 的复信：陆主席，您好！

关于 Linux/Fuchsia 的调研如下，还有若干问题我后面继续补充。Linux 在 IoT 领域面临两个基本挑战：① 内核大小；② 响应延迟。有些设备太小没法跑 Linux；有些设备要求低延迟也没法用 Linux。对于这些设备，为它们专门设计的各种 IoTOS 会是恰当的选择。Linux 的设计目标是一个通用操作系统，大量技术上的 Design Trade Off 就会往该目标上倾斜，再加上支持非常多的功能而导致的复杂性，要克服上述两个挑战相当不容易。实际上 Linux 内核的最小大小随着功能的增多一直在增长，见图 5-1。

minimum kernel size (KB) by kernel version

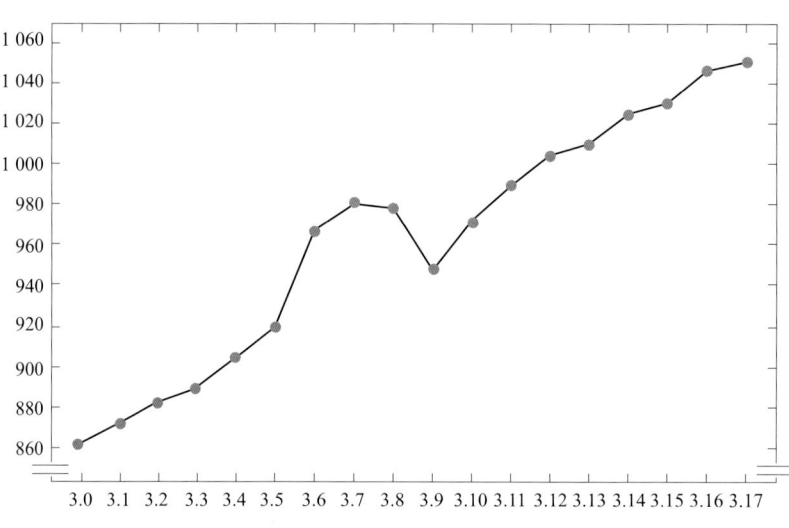

图 5-1　Linux 内核最小大小随着功能增多而增长

资料来源：http：//events.linuxfoundation.org/sites/events/files/slides/tiny.pdf.

Linux 与 RTOS 的延迟比较，见图 5-2。

对于硬件能力稍强的设备，相应的会对软件能力和生态有更高的要求和依赖。Linux 应当发挥积极的作用，把这些设备支持好。但是持续增长的内核大小说明 Linux 对它们的支持正在恶化。说明在 Linux 社区中缺少足够的力量来监测和优化内核大小。问题可能在于：手机及嵌入式领域的厂家投入了大量的人力来让 Linux 在自家的平台上跑得好，但是一般来说缺乏热情，把产品代码整理干净，变

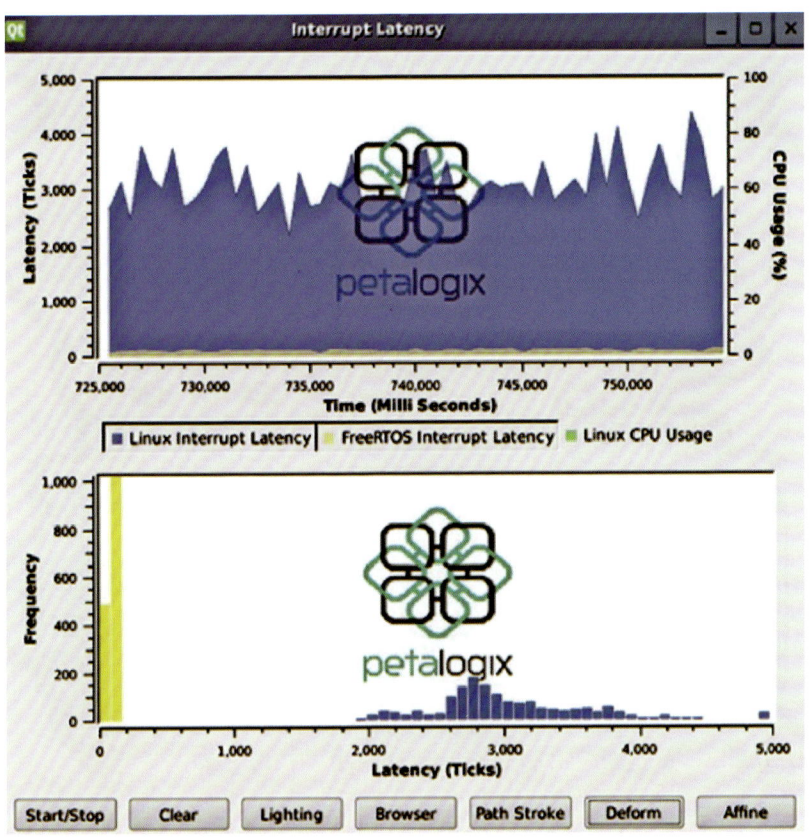

图 5-2 Linux 与 RTOS 的延迟比较

资料来源：http://www.embedded.com/electronics-blogs/break-points/4372868/.

Linux-Wins—Or-Does-It-，当然 Linux 也在改进，比如这份技术白皮书：

LinuxAsaReal-TimeOperationSystem11/2005

http://www.nxp.com/files/soft_dev_tools/doc/white_paper/CWLNXRTOSWP.pdf.

成质量高通用性好的代码，并把它推入上游 Linux 的代码库。桌面及服务器厂商的态度就是（比如 Intel、RedHat）upstreamfirst，先把代码贡献给上游，然后在自家产品中采用或移植（backport）。两种态度造成的差别就是：Linux 对桌面和服务器支持相当好，然而在嵌入式领域的表现不尽如人意。据我所知 Linux 下游厂商的开发者数量要比上游维护者大两个数量级。他们作为最了解需求、掌握最多开发者的大客户不贡献代码，上游维护者想要迎合用户需求也难。Linus 及其维护团队的主要职责还是在于质量把关和确保架构合理。大体上 Linux Kernel 的发展方向是被各类用户推着走的。哪一类（厂商）用户比较给力，Linux 在哪方面就发展得好。

Thanks,

Fengguang

## 陆首群教授与吴峰光博士
## 关于 Linux 迎接挑战的序列对话（之三）

陆：峰光，请帮忙查一下 Fuchsia/Magenta/LittleKernel 的内存，以及 Android/Linux（Kernel）的内存。我有其他

渠道也在查，但我希望获得你的数据和评说。

吴：8 月 26 日 13:04 复信

陆主席，您好！

抱歉，回复晚了！

Fuchsia/Magenta 跑起来需要多少内存还不清楚。我需要编译看看。

代码量是知道的：

| | 代码行数（SLOC） | 人年 | 项目历史 |
| --- | --- | --- | --- |
| Linuxv4.8 | 14 M（M 指百万行） | 4 735 | 1991 |
| Linux0.01 | 8 k（k 指千行） | 1.8 | 1991 |
| LittleKernel | 75 k | 20 | 2008 |
| Magenta | 103 k | 27 | 最近公开,估计内部研发有一两年了 |

如果把第三方代码也算进去：

| | | | |
| --- | --- | --- | --- |
| LittleKernel | 506 k | 138 | |
| Magenta | 294 k | 78 | |

| kernelsize | ROMsize | | RAMsize |
| --- | --- | --- | --- |
| LittleKernel | 15-20 KB（映像文件） | | |
| Zephyr | 8-512 KB（映像文件） | 10 KB（内存需求量） | |

（由 Intel/WindRiver 捐献给 LinuxFoundation）

Linux（MCU）　　1 MB　　　　　　2 MB　　　　　　256 KB（XIP）

（XIP，eXecutioninPlace）

Linux（MicroYocto）800KB　　　　<8 MB　　　　　1.6 MB

Linux（wifirouters）3-5MB

Linux 迷你桌面系统：　　　　　　2-MB　　　　　　8-64 MB


DamnSmallLinux50MB　　16 MBTinyCoreLinux　16 MB

　　　　　　　　　　　46 MBNanoLinux

　　　　　　　　　　　14 MB　　　　　　　　64 MBLubuntu 744 MB

　　　　　　　　　　　512 MB

以上是各类精简版 Linux 的大小。


Regards, Fengguang


吴：8 月 26 日 14:05 复信

陆主席，您好！

抱歉，回复晚了！

Fuchsia/Magenta 跑起来需要多少内存还不清楚。我需要编译看看。

LittleKernel 编译出来的大小是 232 KB：

232 KB　　　　　　　　　build-qemu-virt-a15-test/lk.elf

Fuchsia/Magenta 编译出来了，整个内核加用户态映像文件大小是 3 MB 左右：

3.5 MB                    /c/fuchsia/magenta/build-magenta-pc-x86-64/magenta.elf

2.7 MB                    /c/fuchsia/magenta/build-magenta-qemu-arm32/magenta.elf 这是不带图形功能的。不过跑不起来，死机了：invalidopcode，halting

CS:                  0x10RIP:        0x4cEFL:      0x2

CR2:                 0

RAX:                 0x2RBX:        0x3fRCX:

0RDX:                0

RSI:                 0x8RDI:        0xdRBP:

0xffffffff80473be8

RSP：0xffffffff804d0fa0

R8：0xffffffff804d0fc0

R9：0xffffffff804cfe04

R10：0xffffffff804cfe0c

R11：0xffffffff804cfe08

R12:                 0R13:          0R14:        0

R15:                 0

errc:                0

bottomofkernelstackat0xffffffff804d0ef0:

0xffffffff804d0ef0：0000000d0000000000000008 00000000|..............|

0xffffffff804d0f00：80473be8ffffffff0000003f00000000 |.；G.....?.......|

```
0xffffffff804d0f10： 0000000000000000000000000
00000000|...............|
0xffffffff804d0f20： 0000000200000000804d0fc0ffffffff
|.........M.....|
0xffffffff804d0f30： 804cfe04ffffffff804cfe0cffffffff|..L.......L.....|
0xffffffff804d0f40： 804cfe08ffffffff0000000000000000
|..L............|
0xffffffff804d0f50： 0000000000000000000000000
00000000|...............|
0xffffffff804d0f60： 0000000000000000000000006
00000000|...............|QEMU： Terminated
```

Regards,

Fengguang

吴：8 月 26 日 14:07 复信

陆主席，您好！

抱歉，回复晚了！

Fuchsia/Magenta 跑起来需要多少内存还不清楚。我需要编译看看。

LittleKernel 编译出来的大小是 232 KB：

232 KB                        build-qemu-virt-a15-test/lk.elf

LittlKernel 可以跑起来：

122

wfg/c/fuchsia/lk%qemu-system-arm-machinevirt-cpucortex-a15-m1-smp1-kernelbuild-qemu-virt-a15-test/lk.elf

-nographic

welcometolk/MP

bootargs0x00x00x00x0

INIT：cpu0，callinghook0x8002e7b5（version）atlevel

0x3ffff，flags0x1version：

arch：                       ARM

platform：QEMU_VIRT

target：                   QEMU_VIRT

project：QEMU_VIRT_A15_TEST

buildid：F8Q5R_LOCAL


INIT：cpu0，callinghook0x8002fae9（vm_preheap）atlevel0x3ffff，flags0x1

initializingheapcallingconstructors

INIT：cpu0，callinghook0x8002fb2d（vm）atlevel

0x50000，flags0x1initializingmpinitializingthreadsinitializingtimersinitializ

ingports

creatingbootstrapcompletionthreadtopofbootstrap2（）

INIT：cpu0，callinghook0x8002c681（pktbuf）atlevel

0x70000，flags0x1

pktbuf：creating256pktbufentriesofsize1536（total

393216）

INIT：cpu0，callinghook0x8002e8a9（virtio）atlevel

0x70000，flags0x1

releasing0secondarycpusinitializingplatforminitializingtarget

callingapps_init（）startingappinetsrvstartinginternetserversstartingappshell

123

```
enteringmainconsoleloop
]helpcommandlist:
page_alloc                          : pageallocatordebugcommands
              heap    : heapdebugcommands
              gfx     : gfxcommands
              help    : thislist
              test    : testthecommandprocessor
              history : commandhistory
              bio     : blockiodebugcommands
              vmm     : virtualmemorymanager

    ...
```

Regards，

Fengguang

吴：8 月 26 日 16:15 复信（质疑 Google 的 Fuchsia/Magenta）

陆主席，你好！

Fuchsia/Magenta 有一点非常重要：它不是一个 POSIX 兼容系统，如果这是个迷你的 IoT 专用 OS，就不是什么问题，如果它想要在手机、桌面系统发展，则意味从零开始，无处借力。因为不兼容 POSIX 则难以利用现有的庞大软件生态，什么都得从头研发。

作为对比，在嵌入式设备和手机上都能跑的 QNX 是 POSIX 兼容系统。

陆：峰光你质疑 Google 的 Fuchsia 的意见可能会遇到不同意见，如有人说适用于 IoT 的系统如果只改变内核它也很难适用于通用化太复杂的场景，即很难适用于跨平台（IoT—手机—PC），我看 Fuchsia 用于 IoT（小型化、实时性）没有问题。我怀疑它是否能扩展到手机和 PC 桌面领域，有人说只更换内核做不到，Google 说做得到？！早先微软在 Win10 基础上开发 Win10IoT，后来要跨平台做不到，Linux 如果瘦身能否推出 LinuxIoT，大家拭目以待！

我再补充一下我的意见：目前各种版本的 Linux 愈来愈臃肿，Linux 确实应顺潮流而动，开发适应于 IoT 的操作系统，即 IoTLinux，为此必须大力瘦身！据我了解，Linux 基金会在 WindRiver 协助下，在剪裁其嵌入式操作系统的基础上，研发面向 IoT 设备的实时操作系统项目 Zephyr。现在的问题是 Zephyr 能否做到 IoT—手机—PC（桌面）跨平台操作（在只换内核情况下），似乎还在研发中。

　　另外，我提出的第一个问题是："有人说 Linux 发展似乎不是从用户的需求出发的，而是来自开发者的创意。如果长此下去，是否会使 Linux 发展迷失方向？"我们似乎没有展开深入讨论，为此我补充下列意见：自由开源软件（包括 Linux 在内）是尊重用户、以用户为先的软件，是用户参与开发并给予用户自由的软件，不同于体现私有软件的社会制度，它是建立在分裂群众并保持用户无助基础之上的制度。搭载开源软件的计算机用户可以自由地去修改程序以适应他们的需求，并自由地共享软件。此处定义的用户是指开源社区成员和广大使用者。所以 Linux 的发展是从用户需求出发的、是有用户参与开发的，不成问题！

# 6

# 互联网+创新 2.0

## 6.1 "互联网+创新 2.0"模式①

"互联网+"将开启信息经济全面发展的新时代。为了改造工业经济、重构传统业态，出路在创新，需要高强度创新，为此宜采用下列定式，即："互联网+创新 2.0"+传统行业重构新业态。

众所周知，"基于知识社会创新 2.0"是"基于工业社

---

① 作者发表于 2015 年 4 月 15 日。

会创新 1.0"跨时代的升级版。为了改造工业经济，提升传统行业，人们期望以"信息时代/知识社会"为背景，在当今全球还处于工业社会的这个绝对真实的物理世界中，人们期望的背景是不存在、找不到的。但信息技术的发展使我们可以在现实世界物理空间之外营造一个影射"信息时代/知识社会"的虚拟现实的"场景"，即构建以互联网为载体、储存新一代知识资源、汇集深度信息技术及适配的先进管理，集其大成于一身的虚拟化网络空间，以此作为创新 2.0 的背景。

虚拟网络空间将以其无限时空、无限资源、划时代颠覆性超前技术的特性，突破现实物理空间的有限时空、有限资源、工业技术、传统业态的束缚，催生工业管理改革和呼唤创新 2.0 机制出台，即借助虚空之力重构或创新实空中的业态。并利用虚拟现实影射技术，真正将人们领进现实工业系统物理世界之中，在改造管理流程和创新业态时，体现以人为本、体验为先的理念，创新 2.0 还将秉持自由、开放、共享、协同、民主的理念。

建立在虚拟网络空间之上的创新 2.0 是先进、强大、易用的创新引擎。当前，为规避我国经济失速下滑风险并引领新常态前行，正是需要这种足够强大的创新引擎。而该引擎的易用性也为草根创新、小微创业，大众创业、万众创新营造良好环境，从而推动创客潮的发展，而规模宏大的创客潮反过来将增强创新力度。

创新 2.0 的操作步骤为：

（1）在现实的工业社会物理空间之外构建一个储存数据、信息资源、汇集深度信息技术和适配管理于一体的虚拟化网络空间，虚空与实空对接，将虚空中新一代创新基因注入实空，促其中传统业态嬗变重构。

（2）以虚空中的数据、知识或信息资源取代实空中的人力、自然资源，使业态赖以生存、运作的资源由原来的私有排他性、日常损耗性、运行低效性和使用有限性变成开放共享性、永续可用性、运作高效性、使用无限性，为重构新业态创造条件。

（3）选择虚空中云（云计算）、物（物联网）、社（社交平台），移（移动互联）、大（大数据）、智（人工智能）等深度信息技术（作为工具或手段）作用于实空中的传统业态，在经历碰撞（有时是激烈碰撞）、交互、融合（有时融合并不平和）过程后，促使该业态升级换代。

（4）创新 2.0 是科学、技术和管理/体制的综合创新模式，以虚空中超前的创新思维指导，催生实空中新业态的管理创新，以期保障科技创新成果。创客（maker）是致力于把各种创意变为现实的人，是时下在双创（创新创业）活动中最具创造力的草根群体，目前在中国正在掀起一场大众创业、万众创新波澜壮阔的创客潮。所以强大的创新引擎是网络空间中的"互联网+创新 2.0"。

## 6.2 "互联网+创新 2.0"与工业 4.0、工业互联网机制相通[①]

今天我们生活在物理世界（工业社会），问题是如何改革、改造、提升现实的物理世界，或如何创新、重构新业态或新生态。以前我们曾提出过解决方案（创新 2.0）。从

---

① 作者发表于 2015 年 10 月 11 日。

工业 4.0 和工业互联网的创新实践来看，印证了我们提案的可行性。"工业 4.0"在 2011 年汉诺威博览会上首次提及，德国人提出在物理（physical）世界之外构建并定义一个对应的虚拟世界，即信息数字（cyber）世界，推动两个世界连接，并以虚拟世界中的信息数字系统作用在、融合于物理世界中的传统工业系统，重构全新的数字物理系统（cyber physical system，CPS），或重构全新的制造方式（智能制造系统）。2013 年 6 月 GE 公司率先推出了工业互联网的概念，定义工业互联网为数字系统（虚拟世界）与现实工业系统（物理世界）的结合，以信息数字技术重构未来人、机、数据无缝协作的新的工业形态。上面两个实例表明了改造提升物理世界必须构建一个与之对应的高于现实更加先进的虚拟世界，以改造整合物理世界，重构新业态、新生态或新系统。这里虚拟世界的内涵是什么？整合物理世界的机制是什么？德国人谈"虚拟世界的基础是数字、信息、大数据、软件等，它将整合很多更加全面、深度的信息数字系统"；美国人谈"虚拟系统包括高算、分析、感应技术及互联网等，推动两个世界连接、人机连接，并结合软件和大数据分析以重构全球工业，激发生产力，开辟制造业未来，让世界更美好更安全"。GE 还举出改进航空发动机生产实例：在虚拟空间将收集到的大数据，利用互联网、信息技术、软件、高算、大数据分析，整合物理空间的生产、使用、监管系统，以重构全新的生产方式、商业模式和监管系统。其实他们所谈的虚拟世界的内涵和机制就是下一代创新引擎，与我们过去所谈的创新 2.0 的内涵是一致的、机制是相通的。上述德国的工业 4.0、GE 推出的工业互联网与我们过去所谈的创新 2.0 任务相同、机制相通（工业 4.0、工业互联网专注于制造业而创新 2.0 涉及面更宽、创新力度更大）。创新 2.0 就是要在现实的工业社会物理空间（物空）之外构建一个影射信息时代知识社会的虚拟现实的场景，即虚拟化的数字网络空间（虚空）。虚空以互联网为载体，汇集数据、知识资源，整合超越时代具有颠覆跨界效应的深度信息技术（云物社移大智），适配相应先进的管理/体制。如要改革改造现实物理世界，或创新重构新业态新生态时，将虚空与物空对接，将虚空中的新一代创新基因注入物空中，即以虚空中的数据知识资源置换物空中的人力、自然资源，以虚空中的深度信息技术作用于物空中的工业系统或传统业态，经历碰撞、交互、融合过程后，促使该系统或业态重构成新系统或新业态。"基于知识社会的创新 2.0"与"基于工业社会的创新 1.0"有一个时代差，其创新机制可用下列定式来表示：互联网+创新 2.0+工业生产方式或传统行业重构新生态或新业态。

# 开源创新成果评论

## 7.1　谈联想的创新

### 联想集团的邀请信

尊敬的陆首群会长：

联想的发展一直得到您的关怀，这里特别向您报告一个好消息：联想对 IBMx86 服务器业务的收购交易已于 10

月1日正式完成。通过收购，联想获得了IBM所有x86产品线以及相关知识产权，遍及全球的近7 000名员工、34家研发实验室和办公室、7家制造工厂。联想将跃升全球第三、中国第一的服务器厂商。

自2005年联想并购IBM个人电脑业务后，联想在全球市场努力开拓，坚持走自主创新驱动发展的道路，已经成为全球第一的个人电脑厂商，并且成为全球第三大的平板电脑厂商和第四大的智能手机厂商。2013年联想的营业额为387亿美元，在财富500强中名列286位。

近些年，联想大力向移动领域、企业级和云服务业务领域拓展，加大转型升级力度。我们希望将企业级业务打造成为个人电脑之外的又一个增长支柱。此次收购将大大增强联想在全球企业级市场的实力，我们的目标是在一年之内企业级收入达到50亿美元，最终向全球市场领导者的位置发起冲击。

收购IBMx86服务器后，联想逐步将国际领先技术实现国产化，为中国客户提供更多产业领先、技术先进和安全可靠的产品和解决方案。在国际服务器市场上也将进一步扩大中国品牌的版图，成为首个跻身三甲的非美国厂商，为今后继续通过自主研发方式，开拓新技术领域，奠定坚实的技术和知识基础。我们有信心为中国自主可控的信息产业发展做出更大贡献。

陆会长，在联想的发展历程中，来自国内领导的支持是我们拼搏向前的坚强支柱。此时此刻，我们更加感念您多年来对联想的关心和支持，在此，向您表示最衷心的感谢！诚挚邀请您在方便的时候再次莅临联想指导，当面向您汇报联想的具体进展和实践体会，聆听您的意见和建议。

再次感谢您，祝您身体健康，工作顺利！

联想集团董事长兼 CEO 杨元庆

二〇一四年十月八日

## 走访联想[①]

应联想集团 CEO 杨元庆邀请，陆主席率 COPU 同仁赴

---

① COPU 秘书处整理于 2016 年 6 月 2 日。

联想交流，针对联想近年遇到的困难及其发展战略提出了一些分析意见，供其参考。陆主席说联想是一家国际化企业（非国企，这样的称谓已取得国际公认，有利其在国际市场经营）。我们把华为作为参考系，华为是一家实行国际化经营的民企（非国企，纵如此还是受到美国政府横加限制）。这两家同为优秀的国际化企业走不同路径（可比也不可比）。2013 年联想营业额 387 亿美元，在 500 强中列 286 位；2014 年华为营业额 460 亿美元，排 285 位。

2015 年联想出现逆转，当年销售收入 449 亿美元，约为华为的 3/4，净亏 1.28 亿美元，华为净利润 3.69 亿元。在 2013 年、2014 年，联想智能手机在全球占第 3、4 位，华为占第 6、7 位，在国内市场联想占第 2 位，华为占第 4 位；2015 年联想智能手机售出 6 600 万部，同比下降 13%，2016 年一季度华为在全球上升到第 3 位，联想却滑出前 5 之外。总之联想智能手机 2013 年发展势头良好，2014 年地位稳固，2015 年发生逆转（+MOTO 销量下降 11.9%）。陆主席分析主要原因是：联想向移动互联结构转型拖沓，创新能力不足，采用"互联网+创新 2.0"模式自觉性不够，对开发利用开源资源认识不足，过分依赖国内三大电信运营商低质低价定制的渠道管理（其实苹果、三星在美国市场利用 AT&T、Verison、Sprint、T-Mobile 四大电信运营商高端定制的渠道管理效果还是很好的），手机型号混乱，低水平重复，开发力量分散，对 MOTO 移动正在衰退中的机制认识不足，更怯于对其改造（MOTO 在历史上丧失三次振兴智能手机的机遇，曾被寄予希望的 MOTO-X 开发更是低配置、高价格、传感器错位、软件滞后而陷于失败）。联想要制定富有进取性的发展战略，抓好创新并与支持新经济（开源经济、分享经济、创客经济）发展结合起来，跳出只抓单一新品的圈子，要抓好产业链生态系统全面创新。会上联想提出正在开发智能手机三大品牌：ZUK（中高端产品打主流市场，今已发布最新旗舰手机 Z2Pro）、MOTO（中高端产品，定位国外市场或高科技高端人群，6 月发布旗舰机型）、乐檬（占领低端市场，针对商务人群）。陆主席对推出 ZUK 品牌存疑，并说开发新品牌还是要置于建设生态系统来考虑，Jbos 说今天企业竞争是企业生态系统的竞争，如 SoC，苹果、三星、华为均自行设计，联想有何考虑？开发 MOTO 品牌是否要考虑改造其机制？又如开发拳头产品如何体现用户为中心，重在用户体验和参与？总之制定、执行发展战略有待进一步推敲、细化。

最后陆主席说，像联想这样的国际化的大企业，制定发展战略似乎眼光要看得更远一些，是否应结合第四次工业革命来考虑，人工智能将主导第四次工业革命。

## 7.2　在天河二号超级计算机优麒麟 16.04 发布会上的讲话[①]

借今天优麒麟 16.04 发布之际，祝贺天河二号超级计算机（浮点运算速度 3.39 亿亿次）第 6 次在全球夺冠！天河二号有两种操作系统，服务节点操作系统和计算节点操作系统。优麒麟用于服务节点操作系统，本着自主、协同开发的原则，CCN 联合实验室、国防科大的开发者除采用中文输入法，还采用一些特殊硬件，并自行开发了通信系统、

---

① 作者发表于 2016 年 4 月 21 日。

文件系统、批处理作业系统和资源管理，还针对中文用户，进行定制和 UI 美化，独立开发、设计的安全模块也经受了考验，协同开发了具有高效空间利用率和新型交互体验的桌面环境 Unity7.4，他们开发的服务节点操作系统可以做到安全可控。今天 Linaro 的嘉宾也与会，我曾鼓励优麒麟像海思（华为）、阿里巴巴、中兴、联发科、展讯那样成为其会员。中方开发者除了采用其他超级计算机沿用的 x86 处理器芯片外，在全球率先采用 ARM64 兼容的芯片，并与 Linaro 合作开发、解决与 ARM 硬件适配的软件架构，我也祝贺你们合作成功。优麒麟 16.04 是基于开源采用"互联网 +创新 2.0"模式开发的，一开始就获得中国开源软件推进联盟，Linux 基金会和 Ubuntu 开源社区及 Canonical 公司的全力支持。我们也盼望天河三号超级计算机在进一步创新基础上早日发布！

我希望你们在开发操作系统时能与 Linux 基金会的"信息安全"项目研发团队合作，争取他们支持，以保障操作系统开源代码的安全性和弹性，即在你们自主开发的前提下做到安全可控。

# 7.3　谈网约车问题①

滴滴出行、Uber 等网约车属于分享经济，分享经济将突破某些现行制度的束缚，打破原有利益平衡的格局，阻力不小，应以发展有助于传统经济转型为新经济的长远眼光，持宽容扶持态度待之。我曾向北上广深等地方当局呼吁，据了解这些地方网约车新规即将出台。

**附件：章文嵩在第十二届开源中国开源世界高峰论坛圆桌会议上的发言摘要**

我在滴滴有一年多了，滴滴本质上是新经济，是共享经济，现在滴滴的平台一天有两千多万个订单，其中在滴滴平台上面 90%是兼职的司机，兼职的司机是真正的共享经济，而不是专职的，专职占比例很低的。当然我们通过大数据，一套评价体系，让司机哪怕是兼职的司机把服务做得很好，比如说早高峰需求特别旺，出行人特别多，但

---

① 作者发表于 2015 年 11 月 4 日。

平峰期出行是比较淡的，我们的需求是弹性的，供给也是弹性的，才能做到供需平衡，把兼职的效用发挥出来对社会是极大的提高。滴滴背后靠很多的计算、大数据处理，本质上是一家科技公司，背后我们大量的服务器在运算，背后的软件用的非常多的都是开源软件。从 Linux 内核到我们的网络，基于容器的资源调动的平台，机器学习的平台、大数据的平台等，我们用了大量的开源软件，我们是开源软件的受益者，我们也会回馈一些代码给开源。新经济、共享经济有很多创新，真正对这个社会会带来很大的受益。

调度的工作比阿尔法狗面临的问题要复杂多了。对出行领域刚刚开始，未来，智能驾驶到无人驾驶对背后的基础设施的挑战是巨大的。那未来如果无人驾驶，我们想象一下 500 万辆无人驾驶的车在路上的时候，对背后基础设施的要求很高，有可能服务器的规模比 Google 还要大。这里面对基础设施的挑战，包括我们用了大量的开源软件，肯定有很多的需求需要提升，包括提升开源软件的效果和各方面的功能，未来挑战应该会是巨大的。

注：章文嵩，滴滴出行　高级副总裁

## 7.4　谈华为 Mate 9[①]

华为最近在国内外发布智能手机 Mate 9 及 Mate 9 Pro，其高配置在欧洲定价 1 395 欧元（约合人民币 10 460 元），超过苹果高端智能手机现时定价，标志着华为的国产智能手机开始进入国际产业链中高端产品的行列。华为开发高端智能手机是由基于开源的"互联网＋创新 2.0"模式引导的，是以其自主协同开发的跨时代的创新技术为基础的。华为智能手机 Mate 9 具有二代徕卡双摄、麒麟 960 处理器、大电池和超级快充等特点，该产品搭载华为自主开发的麒麟（Kirin）960 八核处理器，其芯片技术属于追赶型（追赶苹果、三星、高通），其性能与功耗指标已进入全球同行业前列，但尚未居首，同时也没有做到完全自主。有人说该产品另一优势是华为自主开发、修改、优化的 EMUI 5.0

---

① 作者发表于 2016 年 11 月 19 日。

操作系统，该系统有深度学习功能，可根据用户使用习惯，优化系统功能，强化用户体验，准确预测用户行为，这款华为手机的系统优势是很突出的。但恕我直言，EMUI 5.0还是基于 Android 6.01（有一版本为 Android 7.0）原生系统进行深度开发的，就与 Mate 9 适配的整个手机操作系统而言，还是以 Android 6.01（或 7.0）为主，EMUI 5.0 为辅的，Mate 9 毕竟还是一款"安卓手机"，所以既要尊重华为的创造力，重视给 Mate 9 带来的系统优势，也不宜过度拔高。华为像苹果、三星等少数厂家那样，同时拥有自主协同开发的核心处理器和操作系统。这样就具有协调硬件与软件、打通处理器与系统，激发产品内部适配、协调优势，致使其产品性能更简洁、流畅和优化，从而促使华为能够进入全行业三甲行列，假以时日，特别是进一步提高集成电路芯片的自主技术，甚或可为走上领军地位创造条件。我尤感兴趣的是内核中的文件系统，众所周知文件系统是用来存数据的，必须非常可靠，经得起时间考验，使大家放心使用。这款手机华为采用新的 F2FS 文件系统来代替旧的 EXT3/4 分区。F2FS 将改善产品性能，消灭文件碎片化，

回收/压缩智能资源，保证系统始终有内存资源可用。F2FS
最早是 2012 年进入内核主线的，从研发到大规模应用已有
4 年时间（不算长）。F2FS 是一个 Linux 开发项目，最早是
由三星开发的，不久华为、MOTO 加入了开发团队，三星、
华为不但是开发的主力，还是 F2FS 的维护者（FixBug、
Patch）（据说原来 F2FS 的两大主力开发者现在均已落户华
为），对创新来说，开发和维护同等重要。

今天华为敢于承担风险，挑起全力维护的责任，比三
星率先应用 F2FS，突出了 Mate 9 的亮点（其实 MOTO 也
开始了应用，华为还不是第一个吃螃蟹的，但华为的开发、
维护力度、成果比 MOTO 大）。当然 Mate 9 还有其他亮点，
我就不再赘述了。祝华为戒骄戒躁，乘胜前进，祝他们好
运！顺便指出：被 F2FS 文件系统替代的 EXT 3/4 分区是 8
年前由曹予德（TedTso）博士开发的，曹是香港出生的美
籍华人，2006 年由 IBM（资深开源专家）调到 Linux 基金
会（担任 CTO），不久又调往 Google。曹在内核加密及文
件系统方面有重大贡献（我们也曾聘请曹先生为我们COPU
智囊团的高级顾问）。

# 7.5　评 Google Fuchsia[①]

几位朋友邀我评述近日曝光的 Google 开发新的操作系统 Fuchsia。因曝光的原始资料不多，加上 Google 的这项开发工作尚未完成，评述有困难，当然也可谈几点：

（1）Fuchsia 是一款用于物联网（IoT）的操作系统。时代在变化，由桌面（PC）而移动（终端）继而物联网，IoT 也被人称为"第四次工业革命"的主要领域，物联网从消费者市场起步跨越到工业领域，以更快速度、更大规模取得进展。今天开发用于 IoT 的操作系统正是当务之急。

（2）IoT 要求操作系统小型化，即代码影像尺寸（内存空间）要小，响应要快（具有实时性）。Google 开发的 Fuchsia 应是一款符合上述要求的开源操作系统（其内核 Magenta 基于 Little Kernel，LK），除 Google 外，微软、Intel、Qualcomm、

---

① 作者发表于 2016 年 5 月 11 日。

ARM 也在开发 IoTOS，国内有关企业也正在开发中。

（3）物联网由于其硬件平台碎片化、多样化的属性，更由于缺少一个适用且成熟的物联网操作系统，致使至今物联网尚未大规模普及。微软曾致力于让 Win10 操作系统运行在所有设备上，从 PC 到手机，早先也推出瘦身后的物联网版本的 Win10IoT，但尚欠成熟。

（4）借鉴微软等的思路和做法，Google 开发了用于 IoT 的 Fuchsia 操作系统，这是一款小型化、实时操作的专用操作系统，Google 还希望改变不同内核（Kernel）后可将适用 IoT 的 Fuchsia 操作系统扩展到也可适用于手机和 PC，跨度很大。而用于 PC 的操作系统似乎应是通用的兼容 Posix 的操作系统（只有如此才能充分利用现有庞大的软件生态）。我想 Google 开发 Fuchsia 用于 IoT 获成功不难，而要将 Fuchsia 扩充到桌面（在更换 Kernel 的情况下）似乎还有相当的难度！或者，如下做法在排除兼容 Posix 的情况下或许能取得成功：关键在于能否构建良好的开发环境或利用充裕的开发资源，以开发 IoT 操作系统，并在采用不同内核条件下同时开发跨平台（从 IoT 到移动终端到 PC 桌面系统）的操作系统。

时下开发 IoTOS 的有 ARM 的 Mbed，Intel 的 Ostro，风河的 Vxworks7，苹果的 WatchOS，谷歌的 Brillo、Fuchsia，微软的 IoTWin10，Linux 基金会的 Zephyr（Linaro、中兴等 4 家企业正在开发），Pebble 的 FreeRTOS，庆科的 MICO，华为的 LiteOS，阿里的 YunOS 等。采用不同内核、以剪裁方式构建具有颠覆性跨平台融合型的 IoTOS，可充分获得常规操作系统（桌面/移动）庞大的软件生态的强大支持；也有采用"云-端"分布式的开发思路。综上所述，以谷歌、Linux 基金会的 Fuchsia、Zephyr 为代表性的开发跨平台融合型的 IoTOS 有相当难度，至今尚在探索开发中；Zephyr 项目是一款小型可扩展的操作系统，尤其适合于资源受限的硬件系统，可支持多种架构、高度开源、可二次开发、高度模块化的平台，可轻松集成任何架构的第三方库和嵌入式设备，但是否具备良好的跨平台功能，尚需拭目以待！

# 7.6　谈百度 AI

2017 年 1 月 19 日百度技术委员会理事长陈尚义率 AI 团队向陆主席汇报百度研发 AI 进展情况并听取意见。陆说近年来我一直关心百度 AI 事业的发展，进展惊人。2016 年百度已进入了全球三大人工智能巨头行列：Google、微软、百度。你们现在也进入了 AI 发展瓶颈，我看可学习美国 AI 巨头 Google、微软、Facebook、IBM 的做法，将全部 AI 开源，以激励全球大量志愿开发者（黑客），针对 AI 出现爆炸式 Bug，进行 BugFix，Patch，并协助探索新开发的锋线。开源就是对 AI 加以临门一脚，你们担心开源后也许会使百度的原创技术造成流失，你们不必过度顾虑。另外发展 AI 关键在于吸引人才、留住人才，百度这几年比 BAT 其他成员要技高一筹，我看你们有体会。陈说希望陆主席为百度介绍、引进 AI 国际人才。陆说我必须再补充一句话：如何吸引、留住国际第一流的人才，百度也应有危机感，如何探索建设 AI 的创新生态系统，百度也应有使命感。

# 7.7 《深入理解并行编程》中文版推荐语[①]

Paul 是 Linux 顶级黑客，是 Linux 社区 RCU 模块领导者和维护者，多次入选 Linux Kernel Summit 组委会。他曾在 IBMLTC 工作过，也曾在 Linaro 技术指导委员会工作三年。他的著作《深入理解并行编程》首版（开源、英文）在 2008 就发行了，以后一直不断修订（包括其他人的贡献，可在 git 中查）。本书要点是：在适应多核硬件下提升并行软件的扩充性，以减少锁冲突，避免由于锁竞争所引起的产品性能急剧下降，以及开展多核系统的设计、优化工作。在过去近 20 年，Linux 一直受到 Kernel 锁困扰，为彻底抛弃 Kernel 锁，作者及社区作出很大努力，即便如此，Linux Kernel 仍然在大量使用不同种类的锁，不可能完全放弃锁的使用。Paul 所维护的 RCU 锁在 Linux Kernel 各个子系统

---

[①] 应中兴通讯邀请。

中被大量应用，是保障 Kernel 扩展性的基础技术，没有 RCU 就没有 Linux 现在优秀的多核性能和扩展性。在并行计算方面，Paul 对于锁、RCU 锁、SMP、NUMA、内存屏障（Memory Barrier）等并行技术有深刻的了解，兼具近 20 年解决问题的实践经验。在开发操作系统及其产品应用过程中，将会涉及大量多核系统的设计、优化、故障定位工作。中兴同仁翻译此书，将会提升我国对开源系统软件的设计水平，开发一批高端产品，提高我国开源人才培养，具有重大意义。

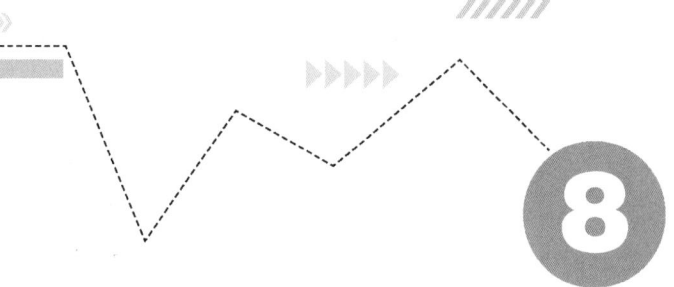

# 新 经 济

## 8.1 谈共享（分享）经济[①]

　　分享经济（sharing economy）或共享经济是使商业、服务、数据、资源、人才、体验等具有分享机制的经济社会体系。分享经济是以"协同共享"为主要特征的开源经济的重要组成部分，租赁经济、互联网平台经济、都属于分享经济，随叫（on demand）经济、临工（gig）经济、协

──────────

作消费经济通常也是分享经济。分享经济从物理上看，分享过剩或闲置资源；从价值上看，使用权高于所有权：分享模式实质是产权革命，表现产权裂变，把传统所有权分裂为支配权（物权中的"归属"）和使用权（物权中的"利用"），或分为所有权（仅保留支配权）和使用权（从所有权中分离），分享经济的价值是使用权高于支配权（使用而不占有）。从商业模式上看，流行的商业模式是以租代买，所有者出售的产品免费、向使用者收取服务月租费；从创新机制上看，实行"互联网+创新 2.0"模式，做到资源利用最优化。分享经济具体模式包括租赁、易物、借贷、赠送、交换、合伙等形式。过去我曾举出一些主要的分享经济模式：① 云计算模式；② 互联网平台共享模式；③ 硅谷 1009 模式；④ 应需临工模式；⑤ 能源共享模式；⑥ 金融领域的共筹、P2P 等分享应用模式。分享经济是建立在"互联网+创新 2.0"的创新轨道上的（不要放低创新门槛，以致造成日本人所说"不具有从 0 诞生 1 的能力"的"八宝粥"现象），在国内发展分享经济要与"大众创业、万众创新"的创客活动实行良性互动。

归纳起来分享经济的特点为：使用权高于所有权或支配权，使用比拥有更有价值——打破商品或服务的生产者和消费者的分工界限，出现产消一体化的产消者角色。

流行商品模式以租代买——分享平台向交易双方提供认证、撮合、评价、交易、服务的功能，本身不从事商品或服务的直接交易。

生产经营组织结构内部关系产生变化，在社会主义社会管理层与劳工层关系变化，在资本主义社会雇佣关系变化，形成商业伙伴关系。

# 8.2　讨论开源经济[①]

《办公自动化》杂志社编者按语：陆首群教授在 2015 年撰文指出，开源经济属于"共产主义"协同共享的类型，但并不排斥"资本主义"的市场机制（不排斥"资本主义"的商业模式）；开源经济是信息经济发展的典型创新 2.0 范

---

[①]　作者发表于 2015 年 5 月 15 日。

式。本期（2016 年第 10 期）将组织"创新 2.0 研究群"围绕开源经济进行相关讨论：在"工业社会创新 1.0"向跨越时代的"知识社会创新 2.0"演进的背景下，"互联网+创新 2.0"在开源经济发展中发挥着怎样的动力机制？基于公地的大众生产和基于私人所有的平台经济之间究竟有怎样的异同？新经济①或开源经济发展需要怎样的商业模式与制度创新？下面摘录陆教授关于开源经济的见解：

在经济学中，边际成本是指每一单位新增生产的商品带来的总成本的增量。具有协同共享共有基本特征的开源经济将推动零边际成本社会的实现。开源经济包括开源软件与信息服务业（经济）、分享（共享）经济、创客经济（基于开源硬件+开源软件），以及零边际成本社会（经济），开

---

① 新经济的概念最早出现于 20 世纪 90 年代，近来中央也重视发展新经济，但至今国际上还没有一个普遍接受的、通用的、统一的关于新经济的基本概念。什么是新经济？我认为新经济是以信息革命为背景，以经济全球化为目标，以数字技术为基础，以知识资源为依托的经济形态。我认为新经济正在崛起，其发展是动态的，简而言之，新经济可看成由工业经济向信息经济或数字经济过渡的形态。我过去曾说过新经济包括：第一，互联网经济（含电子商务，可扩展至云计算、物联网、互联网+，指互联网+通信、社会、文教、商业服务，以及互联网+硬件制造、软件开发、系统应用等）；第二，以智能制造、大规模定制生产为支撑的智能经济；第三，开源经济（包括分享经济、创客经济）；第四，早期信息经济（不介意新经济分类中的重复项，一旦遇到具体重复项可作减项处理）；第五，其他。此处我只是强调"开源经济是新经济的重要组成部分"。

源经济是新经济的重要组成部分。《第三次工业革命》作者杰里米·里夫金说开源经济是一种具有协同共享共有模式的新经济范式，在其新著《零边际成本社会》中，他再次确认开源经济是一种由市场经济转型的新经济范式。里夫金甚至大胆预言："零边际成本社会的到来是大势所趋，将成为资本主义淡出世界舞台的开端。"他又说开源经济不会取代市场经济，两者将以共存形式形成一种混合经济。我认为里夫金后面的这段话更为现实，同时我想破解人们的疑惑或误解：如果零边际成本模式真的到来，那些投资者和企业家是否无法收回前期投入的成本？工程师和劳动者是否会失去创新的热情和动力？即使一些知名度很高的开源项目是否也很难建立利益回报？Brain Behlendorf 在联合国"信息社会世界峰会"讲演中曾指出："开源既含共产主义因素也含资本主义因素，既是公益的也是商业的及个人爱好的，而且还是学术的。"里夫金在他的著作中只谈开源的协同共享共有的核心价值和零边际成本效应，未谈到开源的商业模式，如果没有商业模式的结合或配套，开源是难以发挥其价值的，零边际成本也难以成立（当然他也谈到开源经济与市场经济共存的混合经济）。谈这些或许有助于大家理解里夫金新书并能消除一些误解。我曾制表对比两种经济范式，摘录见表 8-1。

表 8-1 市场经济 VS 开源经济

| 经济模式 | 市场经济 | 开源经济 |
|---|---|---|
| 经济活动类型 | 市场交易 | 协同共享（共有） |
| 经济主体状态 | 生产者、消费者分工 | 产消者一体化<br>（在互联网上产消者既是生产者<br>又是消费者） |
| 价值取向 | 交换价值 | 共享价值 |
| 权限 | 所有权 | 使用权 |
| 基础 | 专有（私有） | 开源 |
| 发展驱动力 | 生产要素驱动<br>（正在进行供应侧改革） | 创新驱动（互联网+创新 2.0） |
| 激励机制 | 物质刺激 | 创新民主化 |
| 成本 | 产业链累加成本 | 零边际成本 |

下面摘引杰里米·里夫金的若干论点，与表 8-1 对照。他认为，协同共享共有是一种新的经济活动模式；数十亿人既是生产者也是消费者（叫产消者）；在互联网上共享能源、信息和实物；所有权被使用权代替；人类进入"开源经济"新纪元。

# 8.3　议论中美创客潮[①]

2015 年第 10 届"开源中国开源世界高峰论坛"研讨的主题是"开源—创新—创业—创客潮"，在本届"论坛"的圆桌会议上，中外专家也讨论了"双源（开源、混源）""双创（大众创业、万众创新）"的含义和关联，议论带着创客成果（微服务器、微型高级计算机）来华的，开源创始人之一的 John Maddog，从黑客到极客，现在变成创客活动倡导者角色的转换；提到微创实验室 Fablab 既是超越时代创新模式的源头，后来也是带动全球的创客潮；谈到整个创新活动应该由创新环境、创新引擎、创新规模所构成。Apache 基金会资深顾问 Karl Fogel 在会上说："创客始于美国，但中美创客是相悖的。"中外专家热烈讨论"悖"在何处？归纳起来的说法是：对于创客主体，中方以青年、小微企业创业者等草根为主（陆首群特别指出中方创客活动

---

①　作者发表于 2015 年 6 月 27 日。

也发展到包括精英参与、大企业介入），美方以知识分子、专业人员精英为主。对于创客活动动力和目标，中方主流为创业就业，美方主流为优化产品结构和生态系统，提高企业竞争力，也有出自个人爱好兴趣，享受各种自由创意转变为现实的乐趣。对于创客活动的支撑，中方强调发挥市场配置资源的决定性作用，政府也在扶持、推动中起到重要作用，美方依赖市场机制，政府不作为。对于创新平台，中方建设创客空间（创新孵化器），其中的创新平台是基于协同共享，由开源硬件+开源软件构成，美方建设主要基于专有（私有）及闭源（或混源）的创新平台（其实美方创客的创新平台也受到开源的冲击），崇尚保护大公司利益的专利体系（该专利体系对草根创客、小微企业有很多限制和束缚，但中方对待专利体系的态度是矛盾的，一方面鼓励企业和个人进行专利申请，目前中国专利申请已排在全球第一；另一方面又大力提倡具有开放、共享、协同价值的、冲击专利体系的开源软件）。对于创新引擎，中方提倡采用"互联网+基于知识社会的创新 2.0"模式（但门槛较高，在没有辅导的情况下，一般草根创客还停留在"基于工业社会的创新 1.0"或创新强度较弱的单纯"互联网+"上，以致有的外国专家提出中国这样的创客潮需走出"不具有从 0 诞生 1 的能力"的"八宝粥"境地）。对于创客潮规模，中外专家一致认为中方规模宏伟，"大众创业、万众创新"已成为国家战略，而美方创客潮的规模要小得多。总之，中国的创客潮还在成长过程中，需要总结经验继续前进！

# 后　记

今天开源发展如日中天，开源已成为今天软件的主流；没有开源就没有现代互联网；开源是深度信息技术（云物社移大智）的底层配置；开源锻造跨时代、颠覆性、高强度的创新引擎"互联网+创新 2.0"，为我国科技弯道超车创造条件，为推动工业社会传统业态重构展示前景；开源激发"大众创业、万众创新"创客运动奔腾向前，促进以"协同共享"为特征的新经济崛起。

开源软件不同于私有软件，开源执行左版版权，私软执行专利或右版版权，两者是相悖的，为此要搞清开源的概念、理念、运作规则（开源许可证）以及开源的创新机制和商业模式。过去在高校 Windows 垄断教学，如何在高校进行课程改革，加强开源人才培养，让学生接受开源教学应是当务之急。

本书书名为《开源、创新和新经济》，表示开源、创新和新经济三者间具有密切内在联系，有些还是因果关系，开源支持创新、促进新经济发展，而创新活动、新经济发展又从需求方面催化开源的腾飞。有人说本书出版开启了开源中文版系列丛书的先河，果真如此的话，我希望本书起到抛砖引玉的作用，并为进一步建立开源软件文库奠定良好的基础。

本书出版得到中外各方专家朋友的鼎力支持，在此表示衷心感谢！感谢 Linux 基金会执行董事 Jim Zemlin 先生，开源联盟主席卢山博士，以及倪光南院士、高文院士、廖湘科院士、梅宏院士，还有英特尔亚太研发公司总经理何京翔博士为本书作序，感谢 Apache 软件基金会创始人 Brian Behlendorf、OSI 前主席 Michael Tiemann 和 Linux 大规模自动化测试专家吴峰光博士与本书作者交流他们的真知灼见，感谢开源联盟副主席兼秘书长刘澎和北京交通大学刘峰教授，他们为本书策划贡献良多，感谢陈绪博士、丁蔚博士、宁固常务副秘书长、刘明专委以及范家铭博士等各位朋友在本书出版中提供的帮助。

　　我还要感谢，北京交通大学出版社章梓茂社长、赵彩云编辑为本书出版所做的努力及他们所提的专业性建议，北京交通大学软件评测实验室（国家认可实验室 CNAS&CMA）为本书的出版及开源软件文库的建立提供的技术支持，北京中北通信息技术有限公司为本书提供的资金赞助，北京交通大学高速铁路网络管理教育部工程研究中心的博士生团队为本书的资料加工和整理以及索引建立等工作提供的帮助。

作者

2017.8

# 陆首群教授简介

中国开源软件推进联盟名誉主席。曾任中日韩开源软件推进论坛轮值主席。

曾任国务院信息化联席会议办公室常务副主任。

曾任中国工业经济联合会副会长。

曾应聘担任中国人民银行、广播电影电视部、航天工业部、北京市政府信息化高级顾问。

曾任中国长城计算机集团公司董事长，（中国）吉通通信公司总裁、董事长，中国联合通信公司筹备组负责人（之一），首都信息发展股份有限公司总裁、名誉董事长。

曾代表中方（之一）与 AT&T USG 合作，组织引进、开发、翻译、发行 UNIX V5 R4.2 中文版本（并组建 UNIX 合资企业）。

曾负责主持作为中国信息化标志性工程（金桥、金关、金卡）的总体规划和框架设计工作，组织提出金税工程（增值税网络交叉稽核）解决方案，曾任互联网筹建组组长，创建中国第一批互联网、互联网信息管理中心并起草中国第一部互联网法规。

# Biography of Prof. Lu Shouqun

Prof. Lu, Honorary Chairman of China Open Source Software Promotion Union, once acted as the rotating Chairman of China, Japan and Korea Forum.

He was Deputy Managing Director, State Council Informatization Joint Session Office, Deputy Chairman of China Federation of Industrial Economics, Senior Informatization Consultancy Expert to China Peoples' Bank, Ministry of Film and TV, Ministry of Aerospace Industry and Beijing Municipal Government.

He acted as Board Chairman of China Great Wall Computer Corp., Board Chairman of（China）Jitong Communication Corp., and one of superintendents for China Unicom Corp. Preparatory Committee. He was CEO of Capital Information Development Corp. Limited and Honorary Chair of the Board.

He was one of the representatives of China negotiating with AT&T for cooperation, importing, development, translation and releasing UNIX V5 R4.2 version in Chinese （and setting up Joint Ventureon Unix）.

He took the responsibility organizing China Informatization iconic engineering programs （Golden Bridge, Golden Custom and Golden Card） with general planning and framework designing. He worked to promote Golden Tax engineering program （Value Added Tax network cross auditing and checking） and solutions. Prof. Lu was Chairman of Preparatory Committee for Internet in China, creating the first serial of Internet Information Management Center, and organizing to draft the first Internet Law in China.